İstanbul-1445/2024

Nureddin YILDIZ

1960 yılında Trabzon'un Of ilçesinde doğdu. Hafızlığını ve ilk dinî eğitimini babası Hilmi Yıldız Hocaefendi'nin yanında tamamladı. İstanbul-Gaziosmanpaşa İmam Hatip Lisesi'ne devam ederken değişik gazetelerde haftalık yazılar ve tercümeler kaleme almaya başladı. Aynı zamanda kürsü hatipliğine devam etti. Öğrencilik yıllarında Milli Türk Talebe Birliği ve Akıncılar Teşkilatı'nda aktif görevler üstlendi.

İmam hatip lisesinin ardından Marmara Üniversitesi İlahiyat Fakültesi'nde bir dönem eğitim gördükten sonra Mekke Ümmü'l-Kura Üniversitesi'ne geçiş yaptı. Burada Usul-u Fıkıh bölümünü bitirdi. Mekke'de bulunduğu süre içerisinde hadis hocalarından özel dersler ve icazetler aldı. Suriyeli muhaddis Abdulfettah Ebu Gudde, Hindistanlı âlim Ebu'l Hasen En-Nedvi ve Osmanlı ulemasının son devir temsilcilerinden Mehmet Emin Saraç Hocaefendi, icazet aldığı hocalarından bazılarıdır.

İstanbul'a döndükten sonra sürekli içinde bulunduğu eğitim ve sivil toplum faaliyetlerine yeni bir ivme kazandırdı. Hafızlık ve din eğitimi alanında değişik kurum ve kuruluşlarda grup eğitimleri verdi.

Teşkilatlanma bilinci ve sivil toplumculuk alanında özel çalışmalarda bulundu. Tercümelerin yanında özgün eserler kaleme almaya başladı. Başta Senabil Hizmet ve Kültür Vakfı olmak üzere birçok sivil toplum örgütünün kuruluşuna katıldı. Hâlen birçoğunun yönetim, denetleme ve istişare kurullarında görevleri bulunmaktadır. Son olarak da Sosyal Doku Derneği'nin kuruluşuna fikrî öncülük yaptı.

Tebliğ ve irşat faaliyetleri kapsamında çocuk ve gençlerin eğitimi, örnek aile modeli, İslam ahlakı, teşkilat eğitimi, ümmet bilinci vb. konularda yüzlerce seminer ve konferans vermiş, hâlen vermeye devam etmektedir. Çeşitli dergilerde düzenli olarak yazıları yayınlanmaktadır.

Senabil Hizmet ve Kültür Vakfı ve Sosyal Doku Derneği'nde çalışmalarını sürdürmektedir. Evli ve dört çocuk babasıdır. Dünya Müslüman Âlimler Birliği ve Türkiye Âlimler Birliği'nin ilk üyelerinden olup sohbetleri **sosyaldoku.com** üzerinden yayınlanmakta, **fetvameclisi.com** adresinden de sorulara cevap vermektedir.

Telif Eserleri:
1) İşi Vaktinden Çok Olanlar (4 Cilt)
2) Rahmetin Kapısında
3) Mü'min Kimliğimiz
4) Edep ve Amel
5) Dinimize Hizmetin İç Sorunları
6) En Sevgiliden Uzanan Dallar (2 Cilt)
7) Ramazan Risalesi
8) Anahtar Cevaplar
9) Hani Din Hepimizindi?
10) Kıblegâh Evler
11) Baldan Tatlı Sözler
12) Medine Raporu
13) Bu Zamanın Sabrı
14) Aile Davamız
15) Geminin Neresindeyiz?
16) Mahrem Cevaplar
17) Namaz Muhasebesi
18) Hâlimizin İzahı
19) Hanımlar İçin İnciler
20) Mektubunuz Var
21) Mü'min Ev
22) Arş'ın Gölgesindeki Genç
23) Doğal Aile
24) Elbette Allahuekber
25) Mücahide Kadın
26) Bir Umut Bir Mektup (3 Cilt)
27) Hür Yürekli Genç
28) Şehzadebaşı Sohbetleri (2 Cilt)
29) Hacı Bayram Sohbetleri
30) Bu Çağa Rapor
31) Mağaradan Arş'a
32) Sünnet Neden Garip?
33) Bu Ümmetin Genci
34) İslam'dan Hayata Ölçüler
35) Bu Ümmetin Kızı
36) İnternet Fıkhı
37) Bu Ümmetin Fidanları Çocuklarımız
38) İslam'dan Hayata Ölçüler-2
39) İnsan İlmihali

Tercüme Eserleri
1) Medine Toplumu
   Prof. Dr. Ekrem Ziya Ümeri
2) Düzeltilmesi Gereken Kavramlar *Muhammed Kutup*
3) Kur'an'da Resûlullah
   Prof. Dr. M. Ali Haşimi
4) İslam İnancı
   Muhammed Kutup
5) İslami Çalışma Metodu
   Mustafa Muhammed Tahhan
6) Kur'an ve Sünnet'e Göre Müslüman Kadının Şahsiyeti
   Prof. Dr. M. Ali Haşimi (Heyet)
7) İslam Fıkıh Ansiklopedisi
   Prof. Dr. Vehbe Zuhayli (Heyet)
8) Sosyal Bilimler Ansiklopedisi
   (Heyet)
9) Et-Tefsirul Münir
   Vehbe Zuhayli (Heyet)
10) Bulûğu'l Merâm Şerhi
    Nureddin Itr (Heyet)

Tahlil Yayınları: 83

Nureddin Yıldız Kitaplığı: 37

Yayın Editörü
Sadullah Yıldız

Kapak Tasarım
Refik Caval

İç Tasarım
Şaban Muslu

1. Baskı: Ekim 2017
11. Baskı: Şubat 2024

Baskı - Cilt
Şenyıldız Matbaacılık
Sertifika No: 45097 Tel: (0212) 483 47 91

ISBN
978-605-9494-44-1

İletişim Adresi
Kartaltepe Mah. 60. Sok. No: 50 Bayrampaşa/İSTANBUL
Tel/Faks: (0212) 417 77 75

tahlilyayinlari.com
editor@tahlilyayinlari.com

Her hakkı mahfuzdur.

Bu Ümmetin Kızı

Nureddin YILDIZ

TAHLİL
YAYINLARI

İthaf

Kendini modern sokakların kızı değil Medine medeniyetinin kendi zamanındaki temsilcisi gören, tesettürden ilme kadar her alanda bu ümmetin kızı olmanın gereklerini Bedir'deki mücahitlerin heyecanı ile yapmaya çalışan mübarek kızlara…

Dilinizle dua ettiğiniz vakitler unutulmayalım diye…

Allah için terlediğiniz zamanlardaki büyük amellerinize vesile olsun da Allah bize rahmetler indirsin diye…

O kızlara ve sevgili Kızım'a…

Allah'ım! Sana Nasıl Hamd Etmeyiz!

Binlerce yıldır İblis, insanı yaratılış gayesinden saptırmak için uğraşıyor, annemiz Havva'yı cennette aldatmaya çalıştı. O günden beri erkeğimizle kadınımızla hepimizden intikam alıyor. Vadileri, caddeleri, evleri; her yeri fesadı ile doldurdu. Medeniyetleri ifsat etti. Şehirleri harap etti. İnsanlığı mum gibi eritti. Alenî veya gizli tapınılır bir put hâline geldi İblis.

Her gün kıyamete biraz daha yaklaştığımız bu zamanda senin kulun olmayı, Şeriat'ın için yaşamayı şeref bilen ve genç yaşına rağmen bu ümmetin kızı olmanın büyüklüğünü hisseden kızları içimizde eksik etmedin. Saliha, âbide, zahide, mücahide kadınlar olarak onlara heyecan verdin. Tesettürleri ve basiretleri ile çiçekler gibi açtılar şehirlerimizde. Güçlü imanları ile evlerinde enerji kaynakları oldular. Azalmayan heyecanları ile ümmetimize umut oldular. Medreselerde fıkıh okurken, evlerinde anne ve eş olurken, gece yarıları seccadede senin huzurunda secde ederken, Kur'an okurken rahmet sebebimiz oldular.

Sana hangi nimetini sayıp hamd etsek Allah'ım? Nimetlerinle kuşattın bizi. Şükrettik veya etmedik; sen hep lütfettin. Şimdi de fesat çağında bu mübarek kızları içimize rahmet sebepleri olarak gönderdin. Erkeklerden önce senin Şeriat'ına talip oldulur. Fitnelere karşı cephenin en önünde bulundular.

Bütün hamdler sanadır ey Allah'ım. Nimetlerinin gereği olan hamdi yapmayı bize kolay kıl.

En büyük rahmet kaynağı olarak bize gönderdiğin Peygamber'in Muhammed'e salat ve selam et. Ehli-i Beytine, ashabına salat ve selam et. Bizi, onun ümmeti olmanın kıymetini bilip kulluğumuzu hakkıyla yerine getirebilmeye yaklaştır Allah'ım. Bu ümmetin, bu zamandaki mü'minleri olarak Peygamber aleyhisselamı ve davasını yalnız bırakmak gibi bir dalgınlığı bizden uzak tut.

Ve ey Rabbim,

Dünya dolusu erkeklerden önce, senin Peygamber'in Muhammed aleyhisselama yürek katan, malı ve canı ile heyecanlı, coşmuş dili ile destek olan o kadınların ilki, bu ümmetin ve kadın âleminin kadınlar efendisi, analarımızdan daha anamız kulun Hadice binti Huveylid'den razı ol. Onu fitne zamanında senin dinine sarılan bu ümmetin kızlarına ana et, yarının zor gününde bu kızları onun eteklerinden koparma. Bu ümmetin bu zamandaki kızları 'ana!' diye seslendiğinde 'kızlarım!' diyerek onları şefaat kanatlarının altına alsın. Bizi de onlara bağışla Rabbim.

Bu kızları o anadan ayırma Rabbim;

Bugün, bu kızlar Peygamber aleyhisselamın Şeriat'ı için 'ilk ben varım' diyerek hak etsinler. Yarın da o, 'şimdi de ben sizin için varım' desin onlara. Bizi de aralarına kat Rabbim. Aralarına. Rahmetinle, ihsanınla ve hudud bilmez rahmetinle Rabbim.

Bu Ümmetin Kızı İçin İlk ve Son Söz

Ezelî ve ebedî kanun Rabbimiz Allah'ın kanunudur. O ne buyurdu ise tek ve ebedî doğru odur. İblis ve yârânlarının hiçbir çırpınışı bu sonsuz hakikati değiştiremeyecektir. Kısa bir dönem için yükselen küfür alevleri sönecek, Hakk'ın nuru yükselecektir. Bu bir kanundur. Güneş ve sistemi çözülür de bu kanun çözülmez. Öyle bir gerçektir bu gerçek.

Rabbimiz insanı yaratmayı diledi ve yarattı. Önce topraktan babayı, babadan anneyi yarattı. İkisinden de bütün insanlığı yarattı. Babalığı ve anneliği kanun olarak koydu. İnsan yaratılacak, bu yaratma da anne karnında olacak! Sonsuz kanundur bu. Alternatifi yoktur, yorumu yoktur. Anne rahmi insandır bu gerçeğe göre bakıldığında. İnsanlık da anne kadar olacaktır. Anne yani kız/kadın, insanlığın ayarıdır.

İblis de bu gerçeği bildi. O da insanlığı ifsat için çırpınırken kızı/kadını öncelikli tuttu. 'Bir kadın bütün insanlık' yörüngesinde çalıştı. İfsat etti kadını. İlk günden beri onu yıpratmak için uğraşıyor. Başardığı oldu, mağlup olduğu oldu. Tam kazanıyorum derken Allah Âsiye'yi çıkardı, İblis çöktü. Meryem'i çıkardı yine çöktü. Hadice çıkardı. Nesibe çıkardı. Hâlâ devam ediyor savaş. İblis ifsat etmeye çalışıyor, Allah ise muradını gerçekleştiriyor.

Söz Allah'ın sözüdür. Mülk onundur. Yaratan odur. Öldüren odur. Cennet/cehennem onundur. Peygamberler gönderen odur. Kitaplar onun kitabıdır. Hayatı yaratan ve anlamlandıran odur.

Kanunu bellidir:

Kadının rahmi dünya tünelimiz olacak. Bedenlerimizin dünyaya gelmesi için de tünel kadındadır, ruhlarımızın gerçek kimliğine kavuşması da kadından geçecektir.

Kanun bellidir:

Bu dinin Peygamber'i, görevi ile yüzleştiği ilk gününde 'beni örtün' derken dinin ilk kadını da: 'Kalk, ben buradayım, yanındayım' demişti. Kadın o gün o idi. Bugün ve yarın da o olacaktır biiznillah. Âlimler peygamberlerin vârisleri ise eğer, eşleri de âlimlere 'Kalk, ben buradayım' diyerek enerji kaynakları olacaktır. O günün dünyası bugünün dünyasıdır. O günün insanı bugün aynı insandır. Kanun aynı kanundur.

İnsanın bebeği kadından gelecek. Kadın doğuracak.

İnsanlığı kadın yaşatacak.

İslam'ı düşürülmek istendiği yerden kadın kaldıracak.

Kadınları da kızlar geliştirecek.

İblis ne yaparsa yapsın, Allah'ın saraylarda gizlediği Âsiye'yi bulamayacak. Bir genç kız, bu ümmetin ruhu ile dirilecek ve diriltecek biiznillah. Peygamberi Muhammed aleyhisselamı tesettürü gibi kuşanmış, Kur'an'ını nefesi gibi soluklamış, Şeriat'ını damarlarına yerleştirmiş kızlar Firavun'u da sistemlerini de denize gömecektir. Bu erkekliği de onlar yapacak, o erkekleri de onlar doğuracaktır. Kader budur. Kanun budur.

Dünyanın şer membaları, İblis'in gönüllü hizmetkârları, geçmişin yıkımları üzerine yeni yıkımlar planlayanlar ve gafletleri yüzünden bu kör sokağa girip yürümeye çalışanlar; kim ne yaparsa yapsın, mezarlardaki mü'min ölülerimizi bile yeniden öldürecek kadar ölüm olsalar bile söz Allah'ın sözüdür. Kanun onun kanunudur.

Allah sözünü söylemiştir. Söylediği sözü de bize Âsiye ve Meryem ile ulaştırmıştır.

İsrailoğulları zamanında bir kadın, Firavun gibi bir vahşinin karısı olduğu hâlde içindeki iman ona: 'Rabbim, bana senin katında cennette bir ev ver ve bu zalimlerin elinden kurtar beni' diye söyletmişti. O onların kızı idi. Allah ondan razı olmuş ve onu Kur'an ayeti yapmıştı.

Bu insanlık için çıkarılmış en hayırlı ümmetin kızları şimdi Allah'a yönelerek Şeriat'ına teslim olurlar da bu ümmetin Âsiyeleri olmazlar mı?

Kanun Allah'ın kanunudur, söz de onundur.

Bu ümmetin kızları bu ümmeti ihya edecektir. İmanımızı onlardan örneklememizi emreden Allah'tır.

Ağlayamam ben, sızlanmam da.

Umudumu kimse bitiremez.

Ümmetimi ölümle korkutamaz kimse.

Bu ümmetin kızları varken hayat devam ediyordur. Kız çocuğu cennet ettiği sürece biz cennetlerdeyiz biiznillah.

İlk ve son sözümüz budur.

Kanun da böyledir zaten.

Üç kız yetiştirene cennet sözü veren Peygamber aleyhisselamı duymayan duysun. Anlamayan anlasın. İnsanlık duysun, bilsin ve anlasın artık. Bu ümmetin kızları da kendine gelsin. Asıl kimliğine kavuşsun artık.

Gerçek budur.

Elhamdülillah.

Bu Ümmet Kim?

Bu ümmet, Allah'ın Mekke'de Peygamber olarak gönderdiği Muhammed'e iman edenlerdir. Allah'ın salat ve selamı onun üzerine olsun. Mekke'de peygamberliğini ilan etti. Medine'de dininin devletini kurdu. Dinini ona iman eden ilk nesle uyguladı.

Allah ona Kur'an adlı bir kitap verdi. O kitaba uyulmasını, hayatın o kitabın etrafında dönmesini emretti.

Peygamber olarak Muhammed aleyhisselamı,

Kitap olarak Kur'an'ı,

Din olarak İslam'ı,

Hayat tarzı olarak onun Şeriat'ını,

Kıble olarak Kâbe'yi,

Kardeşler olarak mü'minleri belleyip kabul eden herkes bu ümmettendir.

Bu ümmetin ilk ucu, Peygamber aleyhisselamın eşi ve ona ilk iman edeni olan annemiz Hadice'de başlar. Son ucu da kıyametten önceki son iman etmiş insanda biter. İlk iman edenden son iman edene kadar herkes bu ümmetin bir ferdidir.

Bu ümmetin içinde herkesin değeri kulluktaki başarısına göredir. İlk nesil olan ashab-ı kiram, en güzel kulluğu en zor şartlarda başardıkları için en değerli oldular. Allah onlardan razı olsun. En güzel iman onların imanı oldu. En güzel ibadetleri onlar yaptı. Cihadın en faziletlisi onların cihadı oldu. Erkeğiyle kadınıyla mübarek bir nesil oldular. Onları Allah sevdi. Peygamber aleyhisselam sevdi. Bize de sevmemizi emretti.

Onlar bizim için örnek nesildir. Bu ümmetin, Allah Teâlâ nezdinde razı olunmuş kul şablonu onlardır. Erkekte de kadında da onların kulluğu örnektir. Yaşlının kulluğu, gencin kulluğu onlara göre ölçülecektir. Onlar Kur'an'ımızın indiği zamanın mü'minleri olarak yaşadılar. Yaptıkları iyi işler övüldü. Hatalı işleri kınandı. Dinimiz İslam onların satır satır yaşadığı din oldu.

Bugün ve kıyamete kadar bütün günlerde iyi bir kul olarak yaşamak isteyen onlara bakacaktır. Başlarında peygamberleri Resûlullah sallallahu aleyhi ve sellem olarak yerle gök arasını doldurmuş meleklerin şahitliği ile Müslümanlık yaşadılar. Onların yaşadığı Müslümanlık beğenildi. Namaz onların kıldığı gibidir. Oruç onların tuttuğu gibidir. Kardeşlik onların kardeşliği gibidir. Evlilik ve boşanma onlardaki gibidir. Mü'min karakteri, Müslüman şahsiyeti bütün zamanlarda ve bütün ortamlarda ana şeklini onlardan alacaktır. Bu ümmetin başında onlar vardır. Sonuna kadar da onların izi ve etkisi olacaktır Allah'ın izni ile. Onlarla aynı çizgide bulunmak Kur'an çizgisinde bulunmaktır. Peygamber aleyhisselamın izinden gitmenin gereği de budur.

Resûlullah sallallahu aleyhi ve sellemin etrafında genç erkekler ve genç kızlar vardı. Allah'ın razı olacağı bir hayat yaşadılar. Peygamber aleyhisselam onları bağrına bastı adeta. Onları sevdi. Kendi çocukları ve torunlarından farklı tutmadı. Evladı gibi tuttu onları. Onlar o zamanın mü'minleri olarak yaşadılar. Razı oldular ve razı ettiler.

Bu ümmet kıyamete kadar var olacaktır. Ümmetin içinde de genç mü'min erkekler ve genç mü'min kızlar var olacaktır. İlk neslin gençlerini Allah nasıl gördüyse bu zamanın gençlerini de öyle görmek istemiştir. Bunun için ashab-ı kiram nesli örnektir diyoruz. Bu zamanda veya başka bir zamanda bu ümmetin kızları 'ben buradayım Allah'ım' diyebilen bütün kızlardır. Anne babasının yanında iken, sokağa çıktığında, arkadaşları ile beraberken, düğün gününde, evlenip eş olduğunda, yavrusunu kucağına aldığı annelik gününde 'ben buradayım Allah'ım' diyen genç kızlar bu ümmetin kızlarıdır. Onlar 'ben buradayım' dediklerinde, babalarının putlarını terk eden ve Allah'ın vahyine teslim olan kızların devamı olacaklardır. 'Ben buradayım Allah'ım' sözü, Şeriat'ına teslim oluyorum, şirkten ve küfürden etkilenmiyorum, dinimi bütün zamanlar ve bütün mekânlar için görüyorum sesi olacaktır. Bu ümmetin kızları onlardır. Bebekliklerinde kulaklarına okunan ezanı ölünceye kadar dinleyen kızlardır onlar. Asıl Müslümanlıklarını düğün gününe saklarlar. Onların asıl tesettürleri beyinlerini örter. Şirk ve bid'at, hurafe, modernizm onların beynini göremez. Sabır kaynağıdırlar. Çevrenin baskısı karşısında erimezler.

İnsanlık için çıkarılmış en hayırlı ümmetin kızları, insanlık adına var olan en yüksek değer durumundadır. Onların varlığı insanlığın garantide olması demektir. Evet, çok olmazlar. Mücevher çok olmaz çünkü. Azdırlar ama özdürler. Öz onlardır. Zor zamanın insanıdırlar. Çünkü bu ümmet zor zamanların ümmetidir. Hazırcı değil hazırlayıcıdırlar.

Onlar bebektir, çocuktur, gençtir, eştir, annedir.

Onlar camidir, medresedir, caddedir, evdir.

Onlar ezandır, namazdır, hacdır, cihattır.

Onlar Mekke'dir, Medine'dir, Kudüs'tür, İstanbul'dur.

Onlar Ramazan'dır, Arefe'dir, Bayram'dır, Kandil'dir, Âşûre'dir.

Onlar düğündür, ziyafettir, ikramdır, seyahattir.

Onlar güzelliktir, kıyafettir, sevgidir, aşktır.

Onlar eştir, Allah 'onlarla huzur bulun' demiştir.

Onlar annedir, cennet ayaklarına taşınmıştır.

Onlar sıcak ve samimi öğretmenlerdir; tabiatı öğretirler, gerçeğe eğitirler.

Onlar gözyaşıdır; ağlarlar gülsün başkaları diye.

Onlar ninnidir, zikirdir, sabırdır, sebattır.

Onlar temizliktir, çamaşır yıkar, bulaşık yıkar, ev süpürür, temiz ve tertemiz yaparlar. Yavru büyütür, eş korur, baba bakarlar. Anneye anne olurlar.

Onlar hayattır.

Hayatı şekillendirmek için gelmiş bir ümmetin öz değeri olarak onlar bu ümmettir. Onlar imanımızın ve Müslümanlığımızın bekasıdır biiznillah.

Ezan okunan topraklarımızdaki bütün kızlarımız ve bir

tek kızımız, budur. Böyle olmuştur ve olmaya devam edecektir. Bir tek kızımızın İblis'in ağlarına takılmasına bütün kızlarımız kadar üzülürüz. Bir tek kızımızın, "Ben buradayım Allah'ım. Şeriat'ının son bekçisi olmaya hazırım" demesi bizim için bütün insanlık kadar umut olur.

Bu Ümmetin Kızına

Saygıdeğer hocam,

Rabbime şükürler olsun ki siz ve sizin gibi saygıdeğer hocalarımız bizleri aydınlatıyorsunuz.

Üç evladım var, Almanya'da yaşıyoruz.

Çocuklarımı elimden geldiğince İslam'a hayırlı evlatlar olarak yetiştirmeye çalışıyorum. Ama yanlışa düşmelerinden çok korkuyorum. Çok dua ediyor ve yalvarıyorum. 12 yaşındaki kızıma namaz farz oldu ve namazlarını kılıyor elhamdülillah ama arada tartışmalarımız oluyor. Namaz vakti geldiğinde uyarıyorum. Fazla tekrarlayınca ortam geriliyor. Ne yapmam lazım? Son dakikaya bırakmasını istemiyorum. Yanlış mı yapıyorum? Okula giderken oruçlarını da tutuyor ama çevremden bana 'vicdansız anne' diyorlar.

Çok korkuyorum evlatlarıma iyi bir anne olamamaktan. Onları koruyamamaktan, hesap günü evlatlarımın 'bana bunu niye söylemedin' demesinden, yanlışa düşmelerinden... Oğlum 10 yaşında. Harama bulaşmasından korkuyorum. Çevremde Alman-Rus sevgilisi olan çocukları gördükçe ağlıyorum. Çocuğumu koruyamamaktan sürekli korkuyorum. Bana nasihatte bulunun hocam. Nelere dikkat etmem lazım? Eşim ve ben sohbetlerinizi sürekli takip ediyoruz. Evimizi 'sünnet evi' yapmaya çalışıyoruz. Derdimiz dünya değil hesap günü.

Allah sizden razı olsun. Allah'a emanet olun.

Mü'mine bacım,

Siz Almanya'dan seslendiniz bana, ben ise sizi karşımda gördüm. Ümmetimin yüreği yanık kadınlarından, dini ile dertlenmiş ciğerlerinden birini gördüm gözlerimin önünde. Sizi kendim zannettim. Sizi, Kâbe'nin örtüsüne yapışıp 'ey Rabbim!' diye ağlayan kadınlardan biri zannettim. Sizi, yavrusuna su bulmak için çırpınırken ana yüreği ile kanatlanmış Hacer zannettim.

Size dualar ettim. Size ve hasretinize umut bağladım. Ah sizin dualarınız kabul olsa da biz de rahmete ersek diye mırıldandım. Rabbim sizi umduğunuza erdirsin. Âlim çocukların annesi olasınız. Şehit yavrusunun şefaati ile dirilmek nasip olsun size. Saliha kadın olup salih evlatlar yetiştirmenin yücelten ululuğunu göresiniz.

Sizi tebrik ederim. Eşinizi hasseten tebrik ederim. 'Sünnet evi' yapmaya çalıştığınız eviniz size kutlu olsun. Sabırla dimdik tuttuğunuz kaleniz gibi baki kalsın eviniz. Yeğenlerimi de gözlerinden öperim. Onlara, yavrularım için yaptığım dualarımdan dua ederim.

Allah yardımcınız olsun, bu dertle yaşatıp bu dertle ruhunuzu kabzetsin. Bu dert bile sizin için sevap kaynağı olacaktır. Bunu sakın unutmayın. Cihattasınız, Bedir'desiniz, Uhut'tasınız kabul edin. Öyle kalın ve öyle yaşayın.

Size satır başı diyebileceğim küçük tavsiyelerde bulunayım ama bunlar günübirlik kalmasın sakın, ilke edinin bunları:

– Çocuklarınıza karşı bu endişeyi taşıyın ama işi vesveseye kaydırmayın. Eşinizle birbirinizi dengeleyin sürekli olarak. Bir o ileri gitsin bir siz gidin derken hayat sizi yıpratmadan sürsün.

– Çocuklarınızın ibadet ehli olmasına ısrar edin ama yirmili yaşlarına kadar onların kaytarma denebilecek eksiklerini görmez gibi olun ara sıra. Onlara yaşını başını almış adam rolü biçerseniz sizden kopabilirler. Zaman zaman bir gözlü gibi, bir kulaklı gibi olun. Her şeyi en iyi şekliyle isterseniz piliniz erken bitebilir.

– Çocuklara yapabileceğiniz en iyi destek, onlara namazlı ve Kur'anlı arkadaş bulabilmektir.

– Hep tenkit eden, hep eksik bulan, hep azarlayan biri sakın olmayın. Dünya gibi olun. Kışı fırtınalı, baharı çiçekli.

– Çocukların ara sıra eğlenme ve gezip tozma ihtiyaçları vardır ve bu tabiîdir. Bunu siz becerip karşılayamazsanız, onlar bunu razı olmayacağınız yöntemlerle bulurlar. Aman dikkat edin.

– Çocuk yetiştirmek bütün zamanlarda cihattı. Bu zamanda en büyük cihat durumuna gelmiştir. İşin önemini kavrayın. Bu uğurda yapayalnız kalabileceğinizi bilin, buna hazır olun.

– Duada kalsın elleriniz. Ellerinizi hiç indirmeyin. Allah'tan yardımını isteyin. Sabır dileyin, sebat dileyin.

– Enerjinizi zamana yayın. Yüzlerce yıl çalışacak bir umut ve enerji ile yol alabilirsiniz. Melekleri yanı başınızda görmenin yolu budur.

– Bilhassa gece namazına kalkıp dua edin; yavrularınıza, eşinize, kendinize ve bize dualar edin. Gayet iyi bilin ki siz veya Almanya gurbetindeki bir başka mü'min kadının gözyaşları, toprağımıza rahmet yağma sebebi olacak. Hele siz annesiniz, dua makinesi gibisiniz. Siz çekirdeksiniz. Asırlardır bu merhume ümmet sizden bir Âsiye çıkmasını bekliyor. Sizinle dirileceğimiz günü hasretle bekliyoruz. Dua edin bacım. Elleriniz karıncalanıncaya kadar dua edin. Namazlarınızdan sonra ve namazlarınızdan önce hep dua edin. Siz görmeseniz de gökler size âmin diyen meleklerle doludur.

Kadınlar-analar; mobilyalara, gelinliklere, komşu lakırdılarına, ev temizliği putuna, ne derler heykellerine takılıp kaldıkları için gecikti göklerin yardımı. Açın ufkumuzu bacım, açın. Açın ellerinizi de insin şu bulutlar göklerden. Hasretimiz bitsin. Gelsin hafız yavrularımız, Kur'an bülbüllerimiz. İslam'a âşık, yoluna sevdalı çocuklarla diriltin bu ümmeti.

Açın ufkumuzu bacım, açın Allah için.

Hangi Zamandayız?

Gün, hafta, ay ve yıl; hangi zamandayız? Geçmiş mesela elli yıla göre ve gelecek elli yıla göre zamanımızın tespiti nasıldır?

İsa aleyhisselamın doğumunu esas alarak şu yıldayız diyenlere karşı Peygamber aleyhisselamın hicretini esas alarak bu yıldayız diyebiliyoruz. Bu bizim için sabit bir tarih oluşturuyor ama başını ve sonunu kestiremediğimiz dünya hayatının neresinde olduğumuzu izah etmek için bir takvim gösteremiyoruz. Kimsenin de böyle bir takvim göstermesi mümkün değildir.

Başında ve sonunda bulunmadığımız, baş ve sonu ile alakalı kesin bilgi sahibi olmadığımız bir zamanın şimdiki hâlini nasıl tespit edebiliriz ki? Olsa olsa başa kendimize göre bir çizgi çizer ve 'şu anda buradayız' deriz. Bu da başı ve sonu yaratana göre neticede bir 'hiç' olmanın ötesine gitmez. Bize göre ise tarihin şurası veya burası diye abartılır durur.

Tıpkı dünyanın ortasını bulmak gibi bir ayrıntıdır bu. Yuvarlak gibi bir dünyanın neresinde durulursa orası 'tam ortası' sayılmak zorundadır. Kim nerede duruyorsa orası dünyanın ortasıdır hatta dünyadır. Değneğimin değdiği yer tam ortasıdır diyeni nasıl yalanlayabiliriz?

Yaratanı içinse kenarı da ortası da bellidir.

Bugün bizi üstten-alttan, sağdan-soldan çepeçevre kuşatan olayların ortasında kendimize 'kimiz ve neredeyiz?' ya da 'çevremizde ne oluyor?' sorularının cevabını da ancak böyle bulduğumuzu söyleyebiliriz. Allah'ın kullarıyız. Bu zaman için yarattığı kullarıyız. Olaylar dediğimiz şeyleri üzerimizde tecelli ettirmeyi murat eden Rabbimizin aciz ama onunla izzet bulan kullarıyız. Ya bu olayların başlangıcı diye bir çizgi çizecek ve kendimize göre gönül rahatlığı ile 'biz buradayız, bu olaylar da şunun içindir' diyeceğiz ki bu, tarihi belirlemek ya da dünyanın tam ortasını bulmak gibi bir durum tespiti olacaktır ya da kulluğumuzu ve bizi kul olarak imtihan etmek için yaratan Rabbimizi hatırlayıp zaman ve mekân kavramlarını aşarak, Rabbimizi razı etme hedefine doğru yürüyerek kendi çizdiğimiz çizgilerin içinde dar ve karanlık bir alanda sıkışıp kalmaktan kurtulacağız. Ya mağaramızı derinleştiririz ya da mağaramızdan Arş'a doğru yükseliriz. Bunun üçüncü şıkkı yoktur.

Şu gün ortaya çıkan olay, şu kişinin geliştirdiği proje diye alan belirlerken bizi ezen hissiyatın genel adı yalnızlıktır. Herkesin kendi derdine kapıldığı, büyük bir ümmet olmanın azametini yaşayamadığımız sıkıntının özetidir bu görüntü. Hayatı iki bin on altı yıldan ibaret zannedenlerin sıkışıp kaldığı daracık koridorun bir benzeri de mü'min hayatın imtihanlarını bugünün olayları ile anlamaya çalışanların sıkışıklığıdır.

Daha geniş meydanlara inildiğinde bin yıla yakın bir zamanı her gün ve her saat ağır sıkıntılarla yaşayan ve bununla beraber insanlığın 'ilk beş'ine giren Nuh aleyhisselam görülecektir. Çok hararetli günler geçirenler, o dar alandan çıkıp geniş vadilerde tutuşturulmuş bir ormanın ortasına atılan ama kendini yalnız hissetmeyen İbrahim aleyhisselamı bulacaklardır.

Haber bültenlerine kilitlenmiş kulaklarımızın baskısı altındayız. Küfrün ve ona hizmet edenlerin göstermeyi planladığına esir olmuş gözlerimiz bizi bunaltıyor. Nefesimizi tüplere bağlamaya çalışan İblis ve adamlarının darboğazı ile ciğerlerimiz nefes veremez oldu bize.

Kendimiz ettik bunları. Gereksiz yere dar sokaklara daldık. Ölçüsüzce açıldık göletlere.

Tarihin meydanları onca genişliği ile bize müthiş örnekler göstermiyor mu?

Kitabımız bize bunları gözlerimizle görmekten daha net denebilecek berraklıkla anlatmıyor mu?

Aziz ve Celil olan Rabbimiz Allah, hangi kuluna mutlak adalet ve rahmetin dışında bir muamele yaptı da bize yapacak? O Erhamurrâhimîn olan Rabbimiz değil midir? Ona sığınıp da açıkta kalan var mı? Ya da onun imtihanına razı olmadan rahmetine sığınanı kabul etti mi bu zamana kadar? Başta peygamberleri olmak üzere kime özel muamele yaptı, kimi 'olaysız, sıkıntısız' bir hayatla iyi mü'min olarak kabul buyurdu? Kimi?

Artık işin sırrını anlamak zorundayız:

Mülk Allah'ındır. Kanun onundur. Başından sonuna kadar dünya hayatının tamamında onun hükmü dışında tek bir kelimelik oluşum bile yoktur.

Biz de onun kullarıyız.

Mülk onun, zaman onun, kullar onun, hüküm onundur. Hayatı da bizi de 'hangimizin daha iyi amel yapacağını görmek için' yarattı.

Hangimizin zamanı kendi ölçülerine göre daraltacağını, hangimizin de hayatı Allah'ın kudreti ve azameti üzerinden anlayacağını görmek istiyor. Hangimizin dar bir tarihte yaşayacağını, hangimizin de tarihin uzun vadisine açılmış bir yolda yürüyeceğini görmek istiyor. Bu gizli bir hakikat değildir. Bu büyük hakikati her gün, her olayda görmek mümkündür.

Bu zaman Allah'ın zamanıdır.

Biz de Allah'ın kullarıyız.

Bu Ümmetin Kızına

Hocam,

Âhir zamanda yaşadığımızı ön planda tutup, birden çok gencimizin böylesi gafletin içeresinde büyüdükleri bir ortamdan söz etmek, hakkım varsa sitem etmek istiyorum.

Bütün anne-babalara tavsiyem, sizin sohbetlerinize bakıp bir tefekkür etmeleridir.

Kendi durumumdan bahsetmek ve buna yönelik aklımda oluşan bir soruyu sormak istiyorum. Şimdiden hakkınızı helal ediniz.

Annem ile babam evlendikleri dönemlerde din konusu pek mevzubahis edilmemiş aralarında. Babam Alevî, annem ise (Allah Teâlâ ile kulun arasındaki bağ ölçülmez.) Sünni. Küçüklüğümüzde annem kelime-i şahadeti öğretmiş bize, Allah ondan razı olsun. Ama kelime-i şahadetin anlamını ve ne kadar değerli olduğunu, namaz kılmayı, kandilden kandile değil de her gün Müslümanca yaşamayı, katiyen Almanlar'a benzemememiz gerektiğini, bizim yaşadığımız dünyanın gelip geçici olduğunu ve ahiretin, hesap günün gerçekten var olduğunu, hazırlık yapmamız gerektiğini, Kur'an'ı sadece cenazelerde değil günlük okumamız gerektiğini, baş örtmenin farz olduğunu vs. çok sonradan anladım. Kapanıp namaz kılmayı öğrendim. 19 yaşında, yenice Sübhaneke'yi ezberlemeye başladım. Kur'an derslerine katıldım. Sohbetlere akın ettim.

Almanya'da Alman sanıyorlardı beni. Eski hayatımda maalesef hiç İslam'a uygun giyinmiyordum ve etrafımdakiler de ailem de bu halimi çok beğenmekteydiler... Böyle devam ediyordum hayatıma. Yaptıklarım ile gözüm boyandı ve yaptıklarımı hep doğru sandım. Yüzüme gözüme boyayı hiç eksik etmezdim. "Bu kız da artist olacak başımıza" derlerdi. Yine takdir edildiğim için yanlışımın farkında değildim. Zamanımı boşa harcardım. Çarşıda 10 saat durduğum çok günler olmuştur. "Çok sosyal bir kız" derlerdi bana o zaman. Arkadaşlarım, akrabalarım, olduğumdan çok fazla yüceltirlerdi beni. "Sen hostes olmalısın, harcanıyorsun buralarda" duyduklarımın arasındaydı. Meğerse aslını öğrenmediğim, bilmediğim kelime-i şahadetinin önemini böyle yitirmişim. Ve aslında 19 yaşıma kadar harcanmışım. Gaflet dolu düğünlere süs olarak gidiyormuşum meğersem. Babam şimdi, ismini dahi değiştiren o cahil ve dünyalık kızını çok arıyor. Ben de ona dua ediyorum.

Şimdi hocam, İslam'dan uzak geçmiş yaşantımı nasıl yorumlamalıyım? Müslüman dediğimiz ailemde, farzlara ve sünnetlere uymaya çaba göstermem herkesi çok şaşırttı. Bazıları ile de aram açıldı. Allah'tan gelen her şeye razıyım, elhamdülillah.

Bazen imrenirdim oruç tutanlara. Ailesiyle bayramlarda buluşup hâl-hatır soranlara. Küçükken kendi çabamla oruç tutmaya çalışıyordum. Ama o zamanlardan kalma bir arkadaştan gördüğüm için; hâlen farz olduğunu bildiğimden değil. Bir seçenek olduğunu sanırdım. Ölüm ile alakalı bir düşünceye sahip olmadığım için bu dünyaya odaklanmıştım;habersiz olduğum için kıya-

metten. Duymuşluğum vardı ama pek inanmıyordum. Arada bir güya 'Müslümanlık görevimi' yapıyordum. Hiç kimse oruç tutmazken tutardım ama seneler geçmesine rağmen 16 yaşında da bunun bir seçenek olduğunu düşünürdüm. Küçüklüğümde protest olarak 'namaz kılanlardan olacağım baba' dediğimi hiç unutmuyorum. Babam bağırmış ve beni ağlatmıştı. Annem de dinini yaşayamadı. Rabbim bir an önce ona da nasip eder diye dua ediyorum.

Rabbime sınırsız kere şükürler olsun ki Müslüman olarak Allah Teâlâ'ya geri dönmemiz gerektiğini anladım.

Modern bir cahiliye çağında yaşıyoruz. Rabbim izin verirse İslam'a hizmet etmek istiyorum. Dualarınıza çok ihtiyacım var.

Ben kendimi, İslam'ı yeni seçmiş birisi olarak hissediyorum. Elhamdülillah, hayatım değişti, ben değiştim. Korkarım gaflete yaklaşmaktan. Duam, Peygamber Efendimiz sallallahu aleyhi ve sellemin duasıdır: "Kalpleri evirip çeviren Allah'ım, benim kalbimi senin dinin üzere sabit kıl."

Hocam, bu zamana kadar kaçırmış olduğum kulluk görevlerimin hesabını nasıl vereceğim? Değerini ve amacını anlar anlamaz hayatımı değiştirmeye gayret ettim. Bugün sizi de düzenli takip ediyorum. Kendimi değiştirme çabasındayım ama geçmişimi değiştiremiyorum. Tövbemi ettim, Allah'ın izniyle her an etmekteyim.

Ve size bugün, Rabbine adanmış bir Meryem olarak yazıyorum. Rabbim için, ümmetimiz için camide çocuklara dersler vermeye başladım artık. Rabbim bu duamı kabul ettiği için sınırsız kere hamd olsun, şükrolsun.

Başka hedeflerim de var, Rabbim izin verirse. Ümmetimizin çocuklarının harcanmasına izin vermeyeceğim. Onlar bize Rabbimizin emanetleridir.

Hakkınızı helal edin hocam. Rabbim sizi seçti ve siz hizmetinizi ediyorsunuz. Allah sizlerden razı olsun.

Mübarek kızım benim,

Seni, Allah'ın bütün evreni kuşatan ve donatan rahmetine dalmış olman dileği ile selamlıyorum. Tekrar tekrar selamlar iletiyorum. Dilerim Rabbim, senin bu pâk duyguların ve heyecanının bereketi ile beni de mağfiret buyurur.

Mübarek kızım,

Geçmiş bitti biiznillah. Bitti ebediyen. Hiç korkma. Allah'a itimadın sonsuz olsun. Sen döndüysen ve tevbende samimi isen o seni çoktan affetti bile. Rabbimiz kimleri kimleri affetmişti bilir misin? Allah'ımız azze ve celle, ne Kerîm ve ne Rahîm'dir bilir misin? Değil senin gibi siyah/beyaz farkı kadar farklı bir dönüş yapanları, bir milim kıpırdamayı becerenleri bile affetmişti, edecek de; öyle söz verdi. O öyle bir Allah'tır. Keşke bütün insanlık böyle tanıyabilseydi Allah'ı da dünya cennetin en yakın ulaşım yeri hâline gelseydi.

Eğer böyle düşünemezsen, İblis seni eski günlerine kaydırabilir. Aman dikkat et.

Mübarek kızım,

Sana kaydedip pratiklerine çalışacağın küçük tavsiyelerde bulunayım. Sen de bana dualar et:

a- Annen ve babanla hiçbir şekilde tartışma. Din konusunda ve sendeki değişim konusunda onları karşı cephede görme. Sana rahmetler indiren Rabbinin bir gün onları da o rahmeti ile donatabileceğini sakın unutma, sakın! O gün için gerekiyorsa kırk yıl bekle, kırk kere kuyuya atıl ama onları bekle. Sabır budur. Müslümanlık da budur.

b- İkinci iş olarak da şeytanın seni tevbene pişman ettirme saldırılarına karşı hazırlıklı ol. Hayalî yatırımlar bekleme. İnsanların sürekli seninle alakadar olacaklarını zannetme. Ve özellikle her şeyin her gün iyi gideceğini umma. Tam aksine sen, büyük bir dönüş yaptığın için imtihanının da ağırlaşabileceğini anla. Ve bunu da kazanca çevirmiş ol direnerek, sabrederek, cennetten önce rahatlığın olmayacağını idrak ederek.

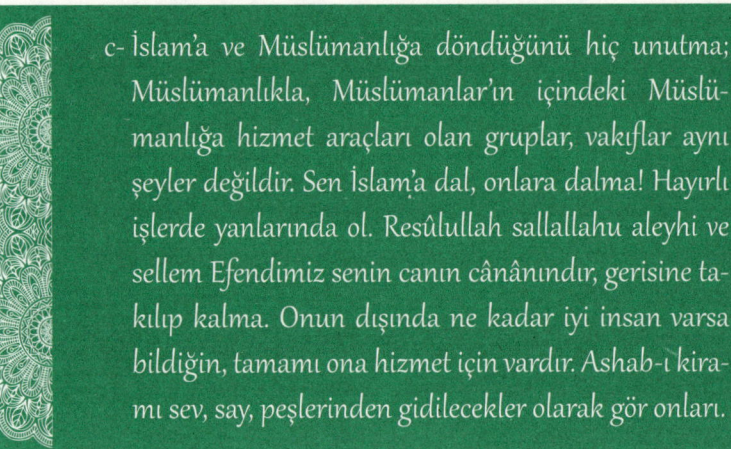

c- İslam'a ve Müslümanlığa döndüğünü hiç unutma; Müslümanlıkla, Müslümanlar'ın içindeki Müslümanlığa hizmet araçları olan gruplar, vakıflar aynı şeyler değildir. Sen İslam'a dal, onlara dalma! Hayırlı işlerde yanlarında ol. Resûlullah sallallahu aleyhi ve sellem Efendimiz senin canın cânânındır, gerisine takılıp kalma. Onun dışında ne kadar iyi insan varsa bildiğin, tamamı ona hizmet için vardır. Ashab-ı kiramı sev, say, peşlerinden gidilecekler olarak gör onları.

d- Tartışmalı dinî konulara dalma. Tartışılmayan öz konular sana ömrünün sonuna kadar yeter.

e- İlk hedefin, imanını her durumda korumak olsun. İmanını zedeleyebilecek felsefelerden koru kendini. Felsefe yılan zehri gibidir; ondan ilaç da yapılabilir ama özü zehirdir. İkinci hedefin, Allah'ın haram ettiklerinden korunmak olsun. Haram ve sen asla bir arada görüntü vermeyin. Üçüncü hedefin, Allah'ın sana farz ettiklerini yapmak olsun. Onlarda eksikliğin olmasın. Olursa hemen kaza et. Dördüncü hedefin debaşarabildiğin kadar nafile ibadet yapmak olsun.

f- Başta tesettür olmak üzere emir ve yasaklarda aşırı olmamaya çalış. Aşırılık bir zaman sonra seni zıt köşelerde bırakır. Neyin aşırı neyin de orta halli olduğunu danışacağın bir büyüğün sürekli bulunsun.

g- Geçmiş namaz ve oruç borçların için bir takvim yap. Aybaşı olduğun günden itibaren her günün namazını kılman gerekirdi. O günlerin toplamını bul. O toplama göre namaz ve oruç borcu takvimi yap. Belli bir planla, acele etmeden onları bir bir tüket. Bu tüketmede ciddi olursan, görürsün ki Allah da sana pek çok kolaylığın kapısını açacak. Planlamayı yap ve gerisine karışma.

h- Mü'min arkadaş çevren olmalıdır. Seçici bir tarzla arkadaş ortamı kur kendine.

i- Ve büyüyüp gelişmen için okuman gerekir. Ne kadar okuyabiliyorsun ve hangi kitapların var, bu konuda bana bir liste yazarsan ben de sana yardımcı olurum.

Mübarek kızım, sana dualar ediyorum. Senden de dualar istiyorum. İyi haberlerini bekliyorum. Allah'a emanet ol.

Bütün ve Eksik

Sadece ashab-ı kiram üzerinden ele alalım; bütünü eksik görmek, onu görememektir. Sahabe denince elinde silahı ile küffara meydan okuyan yiğit adam tablosunu anlamak sahabeyi anlamamış olmaktır. Seccadesi başında iki büklüm olmuş mü'mini sahabenin tek görüntüsü olarak kaydetmek de yanlıştır. Mescide kilitlenmiş, çarşıdan ve sokaktan uzak kimse, sahabe dediğimiz insan değildir. Çarşıyı ve sokağı başkalarına terk etmiş kişi de sahabe olmuş insan değildir. Dünyanın bütününü Allah'ın şeriatına teslim etmek için iman etmiş insanın adı olan sahabe, yiğitliği kadar âbidliği ile de bilinmelidir. Mescidindeki yoğunluğu kadar çarşıdaki bilinirliği de unutulmamalıdır.

Hayatın bütününü Allah'ın emrine vermek için iman etmiş biri olan sahabe, hayatın her yerinde vardır. Bulunmadığı veya bulunamadığı her yer onun için bir eksikliktir. Cami, ev, iş yeri, tatil beldesi hayatın içindeki ağırlığı oranında, mü'min insanın mü'min kimliği ile bulunacağı yerlerdir. Anne, baba, evlat, arkadaş, dost, işçi ve işveren; herkes onun nazarında, mü'min olarak bulunduğu bu hayattaki imtihan noktalarıdır. Cihat meydanına çağırıldığı zaman imanı onu oraya sevk eder. Orada cihat ile mükellef bir mü'min olarak bulunur. Aynı insan evinde eşi ile beraberken Allah'ın adı ile ahitleşmiş iki eş olarak o ağırlıkla bir arada bulunurlar. Çocuklarını gören gözleri, Allah'ın emanetini bekleyen bir bekçinin gözleri gibidir.

Ticaret yaparken, rızık peşinde koşan ama helal yemeyi ve helal yaşamayı ibadet olarak idrak eden biridir. Camide rükû ve secde halinde iken ibadettedir. Masasındaki kitabı okurken tefsir de olsa coğrafya kitabı da okusa ilmi, Allah'ı tanımanın yollarından biri olarak kabul eder ve elindekini öyle okur. Böylece cami ile kitaplık onun evinin iki ayrı odası gibi durur gözünde. Caddelerde yürürken mescide nazar ettiği gibi, melekleri ile caddeleri de murakabe eden Allah'ın kulu olarak yürüdüğünü unutmaz.

İlk insandan itibaren yeryüzünde insanın macerasını âyet âyet izah eden Kur'an'ımızın hayatı kuşatan düzeyi de bu düzeydir. Âyetleri arasında tarihten, gelecekten, coğrafyadan, insandan, hayvandan, fezadan, cinlerden ve meleklerden konular serpiştirilmiş Kur'an'ımız bizim rehberimizdir. Onun bize rehberliği ibadet olarak okumamızdan başlayıp hayata yön veren işaretlerine kadar çok geniş bir dairede bulunmaktadır. Böyle bir Kur'an'a iman etmenin en tabiî gereği, onun gibi geniş bir dairede yaşıyor olmaktır.

Mü'min, bu hayatta yaşadığı ve hayatı mü'mince yaşamaya memur olduğuna iman ettiği sürece imanının ona yüklediği kimliği ezdiremez. 'Sahabe' bu insanın adıdır. Sahabeyi sevmek, onlara özenmek bunu gerektirir. Onların mirası tam anlamı ile bu mirastır. Allah onlardan razı olsun. Ellerinde kılıç, dillerinde tesbih, fikirlerinde tevhid, evlerinde neşe, mescidlerinde uhuvvet, çarşılarında bereket ile yaşadılar. Dini bütün olarak aldıkları için bütün bir Müslümanlık görüldü onlarda. Fiiliyatta eksik bıraktıkları olduysa da kavrayışları ve itikatlarında eksikliğe rıza göstermediler. Bu anlamda dünyayı avuçlarının içinde tutar gibiydiler.

Dinimiz İslam'ı Allah'ın indirdiği kıvamda ve bütünlükte görememek ya da onu bir ucundan tutmaya çalışmak hatadır. Bu hatanın ilk sonucu da dini hayatın şu veya bu bölümünden kaybetmektir. Bir bölümü hayattan çekilmiş dinin geride kalan bölümleriyle en azından 'sahabe düzeyinde Müslümanlık' yaşanamaz. Yaşadığımıza din demeye başladığımızda da bocalama içinde ömür geçiririz. Belki de başımıza gelen musibetlerin başlangıç noktası bu olmuştur.

Kimsenin mü'min olmanın dışında bir isme rızası yoktur ama dinin bütünü kimine ağır geldiği için kimi de şartların uygun olmadığı gibi bir gerekçe üzerinden konuyu erteleyebilmektedir. Erkeği ve kadını ile mü'min olmamızın en tabiî sonucu olarak dinimizin bütününe talip olmaya mecburuz. Köşesinden tuttuğumuz veya belli bir orandaki bölümünü sahiplendiğimiz din Allah'ın indirip kemale erdirdiği din değildir. Dinimiz İslam bir bütündür. O bütünün parçalarından biri ondandır ama asla o değildir. İnsan olarak bu prensip bize uyarlandığında da sonuç budur: Müslümanlığın parçaları ile iyi bir Müslümanlık iddia edemeyiz. Kaynakları ve hükümleri ile onu bütün görmek ve bütününe talip olmak Müslümanlığımızdır.

Bu Ümmetin Kızına

Hocam, ben edebiyat öğrencisiyim. Okulum inşallah bitmek üzere. Ama çalışma konusunda kafam karışık. Farklı yerlere danıştım. Genel görüş, sağlık alanı dışında bayanın çalışmasının uygun olmadığı. Ancak ailem, liselerin ahlak durumunun kötü olduğunu ve imanlı bir öğretmen olup öğrencilerimi Allah'a davet etmem gerektiğini söylüyor. Edebiyat alanı da buna müsait.

Ne yapmalıyım? Çalışmamayı düşünüyordum ama zaman kendi kabuğumuza çekilme zamanı mı diye de aklımdan geçiyor. Benim gibi düşünen kardeşleriniz için fikrinizi öğrenebilir miyim?

Bacım,

Bu dünyada hiçbir mü'min için **kabuğuna çekilme** zamanı olmamıştır, olmayacaktır da. Kabuğa çekilmek, olsa olsa İsrailoğulları için olabilirdi. Biz bütün insanlık için çıkarılmış en hayırlı vasıflara sahip ümmetiz. Çile ümmetiyiz. Cihat bütün türleri ile bizim karakterimizdir. Çile ümmeti olduğumuz için, akıbetinde Rabbimizin rızasını umduğumuz bütün çilelere adeta koşarak gideriz. Şimdiki 'kabuğuna çekilip' kendini ibadete verdiğini ve inzivaya girdiğini zannedenler yanılmış olduklarını gördükleri gün, iş işten geçmiş olacaktır. Sakın öyle bir vehme kapılıp gitmeyesin. Aman dikkat et, aman!

Senin mesleğin edebiyat, bu ülkede eksikliği en çok

hissedilen mesleklerden biridir. Ne iyi olurdu ilerletsen kendini de edepli bir edebiyatçı mü'mine hanım olarak kızlarımıza dersler verse idin, pek güzel bir iş olurdu. Sana bunu hararetle tavsiye ederim.

Lisede edebiyat dersi vermene gelince, orada bir nebze duralım. Baliğ olmuş delikanlıların bulunduğu bir sınıfta genç bir hanım olarak aşk şiirlerini nasıl tahlil edeceksiniz? Olur mu böyle bir şey? Dinimiz ve ahlakımız bunu kabul edebilir mi? Edebiyat değerli ama sen bir mü'mine hanım olarak daha değerlisin. Bu olamaz.

Olabilir olanı da vardır elbette; kız liselerinde neden olmasın hocalığın?

Alternatif çoktur, hiç meraklanma.

Madem böyle bir branşta diploma sahibi olacaksın, diplomanı ihmal etme. Bir de şunu yap: Alanında sıradan biri olarak kalma sıradanlığından çık ve farklı biri ol. Dolu dolu bir edebiyatçı ol. Bunun için kendini yetiştirmeyi yıllar sonra da sürdürmelisin. Edebiyat ve İslam kelimelerini bir arada tutan güzel bir örnek olarak kal. Bunun için de sana şunları tavsiye edeceğim:

1- Şimdiden güzel bir Arapça eğitimi al. Edebiyat bilgisi yanında sana çok büyük katkısı olacaktır. Bir iken iki kabiliyetin olacaktır.

2- Mezuniyetini okuma ve gelişme başlangıcına dönüştür. Çok oku demiyorum. Çok kelimesinin bir sınırı vardır zira. Sürekli okuyacaksın, okumak senin havan suyun olsun. Okurken de seçici ve eleyici ol. Dinini sanata ezdirme, sanat dininde erisin. Sakın, kâfirlerde almaya mecbur kalacağın bir şey olduğu vesvesesine kapılıp gitmeyesin. Kendine ait, dinine ait olan sana yeter.

3- Yazma kabiliyetini geliştir. Açık ve uçuk olmayan gerçekçi bir yazın olsun.

4- Kendini yalnızlığa gömme. Edebiyatçıların umumunda, dar bir dost alanında sıkışıp kalma gözlenir. Sen ümmetin kadar geniş bir yelpazede yaşamaya bak. Uyumlu ve ülfetli biri olmalısın.

5- Bu çalışmalar seni 'evlilik ve edebiyat'ın iki çenesi arasında lokma olmaya itmesin. Vakti gelince ve sana yaraşır bir evliliği ihmal etme ama acele de etme.

6- Müslümanlar'ın vakıflarından bir vakıfta mesleğinle alakalı hizmetler üstlen. Bu seni mesleğinin zekâtını vermiş olmaya götürür.

7- Bir yenilik yap ve mü'minler seni o yeniliğinle yâd etsinler. Sana güzel bir örnek vereyim istersen: Genç kızlar için bir edebiyat kitaplığı ve edebiyat geliştirme projesi oluştur. Bu konudaki açığı kapatmak sana nasip olsun. Hayırla yâd edilirsin. Tabiî bu bir örnek senin için, muhakkak yapmalısın demem sana. Ama en azından beş yıl sürebilecek bir çalışma ile bunu yapsan çok güzel olur.

8- Bu işleri yaparken anne-baban başta olmak üzere kimse ile sürtüşmeye girmemelisin. Bir edebiyatçı olarak sen ebeveynini ezersen diğerleri için ne denebilir artık, var sen düşün.

Dua etmeyi unutmayasın. Kendin için, ebeveynin için, ümmetin için dua et, bize de et.

Rabbim seni korusun ve yardımcın olsun.

Büyük Şemsiye Küçük Şemsiye

Rabbimiz Allah âlemlerin Rabbidir. Peygamberimiz Muhammed aleyhisselam âlemlere rahmettir. Kitabımız Kur'an, bütün zamanların ve bütün mekânların kitabıdır. Ümmetimiz kıyamete kadarki bütün nesillerin ümmetidir. Şeriatımız hayatın bütününü kuşatan bir şeriattır.

İlmihal kitaplarımız su konusu ile başlayıp ölenin mirasını dağıtmayı izah eden konu ile bitiyor. Dinimiz insan hayatını tamamıyla kuşatıyor. İnsanlar, cinler ve diğer mahlûkatla beraber yaşamamız için yaratılmış bu evrendeki bütün ihtiyaçlarımızı karşılayan bir dinimiz var. Dinimizin bu büyük kapsayıcılığı ile övünüyoruz. İslam böyledir, büyüklüğü ve ebedîliğinin zahirî teminatlarından biri de budur.

Bu yapısıyla dinimiz İslam, bütün insanlığa gönderilmiş bir davetiyedir. Açtığı şemsiyesinin altında bütün insanlığa yer vardır. Allah'ın mü'min kulu olmayı içine sindirmiş herkes için o şemsiyenin altında muhakkak bir yer saklanmıştır. Sevgili Peygamber aleyhisselam Efendimiz'in 'âlemlere rahmet' olmasını en açık dille izah eden bir hakikattir bu. Şemsiye büyüktür, herkesin şemsiyenin altında bir mekânı vardır. O kadar büyüktür ki bu şemsiye, eli yüz insanın kanına bulaşmış birisine bile gölgesinde yer açmıştır. Ebu Cehil gibi birinin oğlu Rabbine yönelmeyi bilince ona da yer bulundu. Kim Allah'ın mü'min kulu olmayı içine sindirebiliyorsa onun yeri var bu şemsiyenin altında. Şemsiyemiz büyüktür; insanlığın hacmi kadar geniş bir hacimdedir.

Müslüman insanın idraki ve hayat tarzı bu şemsiyenin genişliğine uygun olduğunda bir kimliği olur, o kimliği ile iman kardeşliğini güçlendirir. Allah'ın razı olacağı hayata daha yakın durur. Müslüman insan, o kuşatıcı şemsiyenin geniş alanını zihninde daraltır ve kendi mini şemsiyesi ile hayata bakarsa onun kuşatma alanı tam anlamı ile dininin kuşattığı alanla ters orantılı olur. Dininin genişlettiğini daraltır, davet ettiğini dışlar, hoş gördüğüne zıt düşer. Bu da Müslüman olmanın gereklerine ters düşmek olacağı için Allah'ın razı olmayacağı bir hayatı, onun razı olacağını umarak yaşar. İyi niyetle yapsa bile bu yaptığını neticede kaybeder.

Dinimizin namaza verdiği şekli asırlardan birinde değiştirme talebimizin dinin dışına kaymak olacağı ne kadar açık bir gerçek ise aynı şekilde, dinimizin açtığı kardeşlik şemsiyesi altında mini şemsiyelerle din hayatı sürmeye çalışmak da benzer bir dışarıda kalma nedeni olacaktır. Zira namaz ve kardeşlik, aynı kitabın ve aynı hadislerin konusudur. Emredenleri birdir. Farklı etnik kimliklerimizi iman kardeşliğinin altındaki potada eritemedikçe Rabbimizin razı olacağı bir hayat iddiasını ispat edemeyiz.

Irkımızı yok kabul etmeden ama onu o büyük şemsiyenin altında tutarak iman hayatı yaşayacağız. Veda hutbesine bile konu olan "Arap'ın Arap olmayana, Arap olmayanın Arap olana" üstünlüğünün olmayacağı ilkesi çiğnendikçe topraklarımızdan yükselen ezanlar bizi namaza davet eder ama kulluk yapımızı kulağımıza eritemez nitelikte kalır. Ezanın vurguladığı asıl hakikat kulağımıza, oradan da yüreğimize akmadıkça ortadaki İslam, anlaşılmamış İslam olarak kalabilir.

> 'Müslümanlık' dışındaki bütün vasıflarımız, İslam şemsiyesinin altında kalmalıdır. Buna İslam ile alakalı olan vasıflarımızı da dâhil etmeliyiz. Eğitim aldığımız bir grup için geçerlidir bu. Ruh terbiyesi gördüğümüz oluşum da o şemsiyenin altında kalmalıdır. Kabullenilmesi zor gibi dursa da bu, alternatifi olmayan bir hakikat olarak önümüzde durmaktadır.

Resûlullah sallallahu aleyhi ve sellem Efendimiz'in Medine döneminde Muhacirler'le Ensar arasında tesis ettiği 'kardeşlik anlaşması'nın tarihine bakabiliriz. Medine'ye hicretle aynı günlere yani birinci yıla aittir bu sözleşme. Bunun yanında dinimizin en temel ibadetlerinden olan oruç, zekât, hac, tesettür gibi onlarca emir ise daha sonraki yıllarda emredildi. Medine'deki oluşumu bir medeniyet ya da İslam medeniyeti oluşumu olarak isimlendirecek olursak gayet rahatlıkla şunu söyleyebiliriz: Kardeşlik, oruçtan önce geldi. Zekâttan da önce geldi. Tesettürden önce geldi. Hacdan önce geldi.

Önce iman emredildi. İman eden mü'minler arasında kardeşlik Peygamber aleyhisselamın teminatı altına alındı. O kardeşlik fiili bir eylem olarak destana dönüştü. Mü'minler kardeşlerine mülklerini ve evlerini açtılar. Gözyaşı ile izlenecek sahneler görüldü Medine'de. Medeniyet önce yüreklerde kuruldu. O yüreklerden de Yesrib'i nurlandırdı da Medine oldu Yesrib.

Kural gayet açıktır:

Namazı emreden, kardeşliği de emretmiştir. Kardeşliği pek çok emrinden daha önce yerleştirmiştir. Kardeşliği belgeleyenlere de şimdi medeniyet kurun denmiştir. Şemsiye bu büyüklükte bir şemsiyedir. Bunu Arafat vakfesinde görebiliriz. Beytullah'ın etrafındaki tavafta görebiliriz. Cuma namazında görebiliriz. Allah'a imanın var olduğu her yerde görmemiz mümkündür.

Bugün şemsiyemizin kapsama alanını, olumlu ve iyi niyetli tavırlarla daralttıkça aslında kendi ayak bastığımız toprağımızı kaydırdığımızı anlamaya mecburuz. Küçük şemsiyeyi yeterli görenler, bir kişi için yapılmış şemsiyenin altına iki kişi girdiğinde ıslandıkları gibi asit yağmurunda ıslanacak ve neticede eriyeceklerdir. Hep beraber o büyük şemsiyenin altına girmek zorundayız.

Bu Ümmetin Kızına

Muhterem hocam,

Sizinle tanışmamı sağlayan Rabbime hamdolsun. Sizi tanıdıktan sonra fikir dünyamın ne kadar değiştiğini anlatamam. Dualarımda anne-babamdan sonra gelen değerli bir öndersiniz benim için. Şu zamanda Müslüman gençlerin psikoloğusunuz. Rabbim uzun ömürler versin.

Ben 20 yaşında bir kız talebenizim. Ebelik üçüncü sınıf öğrencisiyim, mesleğimi çok seviyorum, elhamdülillah. Sizi tanıdıktan sonra mesleğimi cihat düzeyinde gördüğümden daha da bağlandım diyebilirim.

İki büyük emelim var. Biri, Rabbim nasip ederse helal bir dairede evlenip imanlı evlatlar yetiştirmek, onların eğitimleriyle birebir ilgilenmek, İslam'a hizmetkâr yapmak. Bu hayalle yatıp bu hayalle kalkıyorum, şimdiden dualar ediyorum. Kendimi de bir yönden çocuk gelişimi, aile psikolojisi konularında geliştirmeye çalışıyorum, şükürler olsun.

Diğer bir emelim de mesleğimde insanlara en faydalı şekilde hizmet etmek. Size sormak istediğim tam olarak bu ikisi arasında kalıp bocalamak. Hangisine daha çok ağırlık vermeliyim, işimi yaparsam mı ümmetime daha faydalı olurum yoksa Müslüman evlatlar yetiştirerek mi? Yoksa işimi bırakmalı mıyım?

Ben hep ilerde kendimi çok çocuklu bir ailede hayal ediyorum. Her ne kadar, 'hem çalışıp hem nasıl bakacaksın o kadar çocuğa?' deseler de ben bu emelimi bırakmayacağım, sizin de dediğiniz gibi büyük düşünmekten vazgeçmeyeceğim inşallah. Yarın bir gün bu hayali gerçekleştiremeden ölürsem de hayalimle dirilirim diye düşünüyorum.

Benim çok büyük bir dinî eğitim geçmişim yok. Kendi çapımda dinî bilgimi geliştiriyorum. Gelecekteki çocuklarım adına da endişeliyim, onlara verebileceğim en değerli şey bana ailem tarafından verilmeyen, 'ümmete hizmet heyecanı.'

Bu sorularım belki ileriye dönük oldu ama yarın bir gün size mesaj atamamak da var, bir saniye sonrası için garantimiz olmadığı gibi.

Bir de değerli hocam, bu meslekte dinî yükümlülüklerim nelerdir? Müslüman bir kız ebelik mesleğini daha iyi nasıl kullanabilir?

Allah ebeden razı olsun, Rabbim size hayırlı uzun ömürler versin. Dualarınıza çok ihtiyacım var. Allah'a emanet olun.

Kızcağızım,

Rabbimden seni umduklarından daha güzeline erdirmesini diliyorum. Dilerim, bu ümmetin umutları senin elinde dünya gözü görsün. Kendi doğurduklarına ve ümmetimin umutlarına ana olasın. Bağrın çiçek açsın, o bağrın büyük bir bahçe olsun. O bahçe ümmetimin diyarını çiçeklendirsin.

Kalbimin en derin köşelerinden yankılanan duam budur sana.

Kızcağızım,

Mesleğini mübarek gördüğümü biliyorsun. İmrenilecek bir iş yapacaksın inşallah. Elinde mini bebekler dünyaya gelecek ve onlar seni bilip hatırlamasa bile melekler bilecek ve hatırlayacak. Onlardan sadece birisi dahi sen bu dünyadan çekilip gittikten sonra gece seccadesinin başında secde ederken, melekler seni mezarında muştulayıp duracaklar. Doğurdukların da doğurulmasına sebep oldukların da senin sevap makinen gibi çalışacaklar Allah'ın izniyle.

Ne mutlu sana! Ne mutlu sana ki, işini cihada çevirmeyi istiyorsun. Büyük olan ve seni farklı yapan budur zaten. Allah seninle olsun. Elin şifa membaı olsun. Sevilesin, aranasın, umut yağdırasın.

Kızcağızım,

Sana ebelik mesleği ile alakalı uzun uzun yazmam gerekmiyor. İnsanlık bilen İslam bilir. İslam bilindi mi de gebelik ve ebelik de bilinmiş olur. Bu nedenle 'ebelik kuralları' diye bir başlık açmam gerekmez diye düşünüyorum ama genç bir mü'mine hanım olarak mesleğinde dikkat edeceğin ilkelerden söz etmeliyim sana.

1- En önemli mesleğimiz mü'min oluşumuzdur. Mesleğin ne olursa olsun; kazancın, işin, programın, hayatın, evin, evliliğin, zevklerin, tarzların mü'min kimliğinin altında kalsın. Önce mü'min ol sonra ne olursan ol! İmanını ve mü'min kimliğini koruman, yaşamak için nefes almayı hangi gözle görüyorsan o gözle gördüğün değerin olmalıdır.

2- Ebelik, canla alakalı bir iştir. İnsana tutacaksın, insanı dünyaya getirirken iş yapacaksın. İnsan ise Allah'ın en mükerrem mahlûkudur. Kâfir bile olsa insan insandır. Ona göre iş yapmak zorundasın. Bunun için de mesleğini kurallara uygun yapmanın üstüne çık ve en mükemmelini yapma heyecanı taşı. Elin melek eli gibi olsun. Tuttuğun seninle rahmet bulsun. Ebelik ilimlerini iyi tahsil et. Notu zayıf olan dersleri gerekiyorsa tekrar oku. Ebelik ilmini her zaman talebesi olduğun bir dal olarak bil. Yenilikleri takip et. Sürekli oku. Dinini de oku, ebelik ilmini de. Senden daha tecrübeli kimselerin talebesi olmaktan çekinme. Bilmediğini sor, anlamadığını öğren. 'Mü'min kadınların en iyi ebesi mü'mine hanım' diye bir ödül konacaksa bir gün, o sana verilsin muhakkak.

3- Mesleğinle dinini bir arada tut. 'Ebe' olman yetmemelidir sana. 'Mü'mine ebe' olmalısın. Mesleğin elinden, imanın alnından okunmalıdır. İlim olarak da bunu böyle yap meslek olarak da. Ebelikte kültürlü-dinde cahil olamazsın. İbadetlerini ihmal ederek, ahlâkını gevşeterek ebelik yapmanın anlamı olmaz. Evet, yeri gelir bir mü'min kadına yardım için sadece farzları kıldığın, nafileleri ertelediğin olabilir. Bu senin için bir eksiklik olmaz ama ümmetimizin analık adaylarını mesela paralarına veya arkalarındakilere göre değerlendirdiğin zaman kaymaya başlamış olursun. Sen sadece ebe olamazsın. Bu ümmetin umutlarının 'mü'mine ebesisin.'

4- Evlilik konusunda sakın acele etmeyesin. Vakti geldiyse hemen, bugün evlen. Vakti gelmediyse erken doğum yapıp bebeği küveze atmak gibi sonuçlanabilecek bir evlilik yapma sakın. Erkekler yani senin evlenebileceğin adaylar bu berrak ve nurlu arzularını kendi lehlerine ama senin aleyhine değerlendirip seni kapmamalıdırlar. Vaktinde, uygunu ile ve Şeriat'a göre bir evlilik yap. Bunu hedefin olarak gör.

5- Bilesin ki, sabır bütün mü'minlerin, özellikle de senin en güzel silahındır. Onu kuşan, onunla yol almaya çalış.

Sana dualar ediyorum kızcağızım. Senden de bana dua etmeni istiyorum. Ben, sen ve biz, Rabbim lütfetsin de ümmetimizin yeniden doğumunu görelim. Şen olalım o gün. Sancağımız dikilsin o gün. Toprağın altında da olsak bize tekbir sesleri gelsin o gün, o doğum günü biiznillah...

Kız ve Hizmet

Kız çocuğu babası veya annesi olanlar düşünürler ki, yaşlandığımızda kızımız bize hizmet eder. Yaşlı kadınlar da evli bile olsalar kızlarını yanlarında görmek isterler. 'Geline minnet etmektense...' kendi kızının hizmetini görmek onlar için fark olur. Bunun normal olmayan bir yönü de yoktur. Elbette evlat anne-babaya hizmet edecek, onun ayağında geceleyecektir. Allah'ın rızası bununla kazanılır. Cennetin kapıları böyle açılır.

Anne-babaların bu beklentisine diyeceğimiz olmaz ama Müslüman olarak söyleyeceğimiz bir sözümüz vardır. Onu insanlığın yüzüne yüzüne haykırarak söyleyeceğiz Allah'ın izni ile. Dinimizi sözde geri kalmışlıkla itham etmeye yeltenen rezalet çağının borazanlarının gelebileceği seviye 'yap kızım bir kahve, içelim' seviyesidir. Evleninceye kadar evinde annesine bulaşıkta yardım eden, misafir gelince de misafirin kirlettiğini temizleyen kız çocuğunu bilir onlar. Daha öteleri yoktur. Kız ve hizmet sözcükleri onlarda ancak bunu çağrıştırabilir.

Elhamdülillah mü'miniz. Peygamberimizi ve Sünnet'ini hayat rehberi ediniyoruz. Bütün zamanlar için en güzel örneğin onda saklı olduğuna inanıyoruz. Onun hayatı nasıl tanıttığına bakıyor, hayatı öyle anlıyoruz. Toplumu nasıl şekillendirdiğine bakıyor, öyle bir toplum istiyoruz. Erkeğe ne dedi ise erkeği öyle kabul ediyoruz. Kadına ne dedi ise kadını da sadece öyle kabul ediyoruz. Bununla da iftihar ediyoruz. Basit bir sempatiyle değil dolu bir imanla sahipleniyoruz onun bize verdiklerini.

Peygamber aleyhisselam Efendimiz'in genç kız yetiştirmeye dair sözleri genel olarak alındığında, onun genç kız babalarına 'kızınıza hizmet edin' dediği görülür. Kızından kahve bekleyen baba ile kızına kahve yapan baba farkı, Peygamber aleyhisselamın çizgisini güdenle başka çizgilerde olanın farkıdır. Defalarca dillendirdiği, "Kim üç kız çocuğu yetiştirirse..." anlatımındaki cümlenin sonunda görülen "ona cennet vardır" ifadesi bunu bize söyletmektedir. Kız çocuğu yetiştirmeyi ve onu bu ümmetin kızı olacak diyerek büyütmeyi cennetle sonlandırma gayesini edinmiş bir baba veya annenin, kızının saçını okşarken hissettiği şey dünyada başka bir annenin hissedemeyeceği duygudur. Çocuğunun mürüvvetini görmenin onu evlendirmek ve iş, eş sahibi yapmakla sınırlı anlaşıldığı bir dünyada kız çocuğu sayesinde cennet görmeyi mürüvvet olarak anlayan bir baba veya anne hangi hissiyat ile doludur acaba? İş veya cennet, eş veya cennet, torun sahibi olmak veya cennet... Bunlar aynı listede anılabilir şeyler midir acaba? Bugün bütün dünya kızları, âlemlere rahmet olarak gelen Peygamber aleyhisselam Efendimiz'in kızlara açtığı ufku görmeli değil midirler? Babalarını onlara hizmet ettiren bir Peygamber hangi yüreğin taşıyabileceği duygusallığı salmıştır insanlık âlemine, hangi duygular ve hangi hissiyat!

Allahuekber. Elhamdülillah.

Ne muhteşem dinimiz var, ne büyük bir peygambere ümmet olmuşuz. Kızlarımıza ne büyük kapılar açılmış, ne büyük idealler bunlar. 'Kızım, bana bir kahve yap da annenle içelim'den kaldırılıp: 'Kızım sana kahve yapayım mı?' demeye mecbur bırakılan babalar. Allahuekber. Elhamdülillah. Ne büyüksün Allah'ım. Rahmetin kullarına ne kadar yakın imiş meğer. Anadolu'nun veya modern Türkiye'nin kızı olmakla sınırlı kalıp İslam'ın kızı, Muhammed aleyhisselamın ümmetinin kızı olmak ne kadar farklı imiş meğer. Yüksek topuklu ayakkabı giyerek yükselenle, meleklerin kanatları üzerinde Arş'a doğru yükselen arasında ne büyük mesafeler varmış. Allahuekber. Elhamdülillah.

'Kim üç kız çocuğu' uyarısı ile başlayan hadisler sanki 'cennet istiyorsanız ve namazınız-ibadetiniz size güven vermiyorsa işte kolay bir yol' der gibi babaları kızlarının hizmetine koşturmaktadır. Bugün kendini genç olarak gören bütün dünya kızları bu bulutlar arasına gizlenmiş muhteşem gerçeği kavramalıdır. Evde misafire kahve yapacak kişi aranırken ilk akla gelen kızlar, diploması olsun da aile bütçesine katkı sağlasın diye okullara sevk edilen kızlar, erkeğe göre patronun telefonuna daha nazikçe cevap veriyor diye işte tercih edilen kızlar, devletin kadın istihdamını artırmasını takdir edilmesi gereken bir başarı olarak gören miyop gözler, bütün kızlar bu farkı anlasın artık: Sizi yaratan sizin için önüne kahvesi getirilesi bir nimet olarak sunarken sizi, başınızdakiler sizi istihdam ettikçe bunu bir başarı gibi görmüşlerdir. Siz kendinize gelin. Siz ümmetsiniz. Sekreter olamazsınız. Tekstilde maaş dengelerini oturtmak için ucuz işçi diye çalıştırılmanıza kanmayın. Sizin bedeliniz cennet iken onu basit bir maaşa dönüştürmeyin.

Bu ümmetin kızları babalarının cennetidir. Annelerinin cennetidir. Kendileri de anne olduklarında cennet içinde cennet bulacaklardır.

İşte 'kız' ve 'hizmet' sözcüklerinin bir arada bulunduğunda zihinlerdeki çağrışımı. İşte modern dünya ve İslam.

Ey bu ümmetin kızları! Sizi cennete anahtar kılan peygamberiniz için yapabileceğiniz en iyi iş onun Şeriat'ının garantileri olmayı becermenizdir. Kimse yoksa da siz varsınız. Siz annesiniz. İnsanların bedenlerinin annesi olduğunuz gibi davalarının da annesi olun. Dünya çöksün ama siz çökmeyin.

Bu Ümmetin Kızına

Saygıdeğer hocam,

Allah sizden ve sizi yetiştirenlerden razı olsun, onlara merhameti ile muamele etsin.

Hocam, eğitimin anne karnında başladığını biliyoruz, elhamdülillah. Ancak ben hamilelik sürecinde çocuğumuz için neler yapabileceğimi soracağım. Aradığım ilmihâl kitaplarında hep doğumdan ve doğum sonrasından bahsedilmiş. Ancak ben dikkatli ve düzenli biçimde bu evreyi geçirmek istiyorum, nasip olursa bir gün. Bebeğimizin olacağını öğrendiğimiz zamandan doğuma kadar olan sürede salih bir evlat yetiştirmek için neler yapmamızı tavsiye edersiniz?

Her namazımda evlatlarıma dualar ediyorum, bu konu benim cennet sebebim, imtihanım. Elimden geldiğince hazırlıklı olmak, elimden gelenin en iyisini yapmak istiyorum. Henüz hamile değilim, ancak bir gün nasip olur ise ben de bir mücahit yetiştirmek istiyorum.

Dualarınıza muhtacız, inanın size de her vakit dua ediyorum. Rabbim sizden razı olsun.

Kıymetli kardeşim,

Mü'min, imanını nefesleri ile paylaşan insandır. Her nefesimiz imanımızın yansıdığı bir andır. Siz çocuğa hamile olunca ne yapmak gerektiğinden bahsediyorsunuz.

Ben ise sizi başka bir konuda ikaz edeyim: Çocuğa hamile ikenden önce çocuk hayal etmenin bile eğitimini almasak mı sizce? Çocuğu hayal etmemiz bile şu büyük kâinat düzenine göre olmalı değil midir?

Hamile bir kadın şunlara dikkat edecek:

a- Hamilelik öncesinde bilhassa hamile kalacağı ilişkide kadın ve erkek huzurlu, istekli ve zevkli olmalıdırlar. Bilhassa kadının isteksiz bulunduğu bir ilişkinin akabindeki çocukla, kadının sempatik ve istekli bulunduğu ilişkinin akabindeki çocuk arasında fark bulunabilir. Yatak odalarımızı bizim için bir itfaiye merkezi gibi takdir buyuran Rabbimizin hikmetlerini iyi kollamak gerekiyor. Bu ilişki anında Peygamber aleyhisselamın tavsiye buyurduğu duayı muhakkak okumalıdır her ikisi de. O dua şudur: Allâhümme cennibne'ş-şeytâne ve cennibi'ş-şeytâne mimmâ rezaktenâ.

b- Öncesinde ve o günden itibaren gıdaya çok dikkat edecek. Sağlık açısından sakıncalı, dinen şüpheli şeyleri yemeyecek, içmeyecek. Bir lokma bile olsa bu ilkeyi koruyacak.

c- Hamilelik bilgisi ile beraber tıbben gerekenleri yapacak. Sağlıktaki bütün imkânlar Allah'ın nimetleridir. Nimetlerin kıymetini bilecek.

d- Hamileliği reklam konusu yapmayacak. Kaçak bir iş gibi gizli saklı da tutmayacak. Kadınlar arasında muhabbet konusu olmasını engelleyecek. Ahlâkla alenîlik arasında mü'mince bir çizgide duracak.

e- Namazlarında, özel vakitlerinde yoğun dualar edecek. Kendisine ve yavrusuna dualar edecek. Çocuk doğmadan önce çocuğun göklere yükselmiş duaları olmalıdır. Çocuğuna iç çamaşırını henüz doğmadan biçip diken annelerin yanında bu ümmetin anneleri doğmamış çocuklarının dualarını bile başlatmış olmalı değil midirler? Duasını makbul zannettikleri salihlerden dua talep edecek. Bilecek ki doğum ve sonrası ancak sabırla aşılabilir bir dağdır. Çok sabır isteyecek Rabbinden, hem de çok! Hele anne-babası varsa onların duasını sürekli isteyecek.

f- Kendisi ve eşinin moralinin çok önemli olduğunu bilecek. Hem o hem de eşi doğum gerçekleşene kadar bir kulağını ve bir gözünü köreltecek ki, şeytan aralarına fitne koymayı beceremesin.

g- Bu dönemde Hanne kadının karnındakini Allah'a adaması konusunu düşünecek. Aynısını yapmak zor olduğu için en azından onun bir ideal olduğunu bilecek. Ona özenecek, doğuracağı yavrusunu Allah için büyütmeyi isteyecek.

h- Hamile kaldığını öğrendiği andan itibaren sadece yabancı erkeklerden kaçması yetmez. Fasıka kadınlardan da uzak duracak. Mü'mine bacılarını kendisi için yeterli bulacak.

i- Hamilelik döneminde çocuğu onu dinliyor gibi bilip çok Kur'an okuyacak. Zikredecek. Tesbihi elinde olacak sürekli.

j- Gerçekleri bilip öyle konuşacak.

'Çocuk yapıyorum' demekten utanacak. 'Rabbim beni anne yapmayı murad etti' diyecek. 'Onun için doğuracağım, onun nebisinin ümmetine insan yetiştireceğim' diyecek.

Ve en büyük gerçeği bilip haykıracak. Sesi Arş'a yükselene kadar. Fezadaki bütün melekler duyana kadar haykıracak:

'Anne olacağım.

Ücretimi Rabbim verecek.

Anneyim diye bana cennet verecek.

Hamileyim. Üçüncü ayımdayım. Cennet müjdeme altı ay kaldı.

Sekizinci aydayım. Bir ay kaldı cennete.

Üç gün kaldı. Üç gün sonra bir adım cennetteyim.

Bugün sancılarım arttı, bugün cennetin kokusunu alıyorum.

Ve anne oldum:

Ümmetim bir mü'min çoğaldı biiznillah.

Ben de bir adım girdim cennetlere biiznillah.'

Bu Ümmetin Kızı, Bak Sen Konuşuluyorsun

Allah Teâlâ, Peygamberi'ne konuş dedi. O da Allah'ın ona konuş dediğini konuştu. Bak ne buyuruyor:

'**İki kız çocuğunu yetiştiren kıyamet günü benimle bu şekilde beraber olur.**' (Bu arada parmaklarını birleştirmişti.) [Müslim, 2631]

'**Kız çocuklarını yetiştirmekle imtihan olunana o kızlar cehenneme karşı koruyucu olur.**' [Buharî, 1418; Müslim, 2629]

'**Kimin üç kız çocuğu olur da onları barındırır, merhametle muamele edip kollarsa ona cennet elbette hak olur.**'

Dediler ki: 'Ya Resûlallah, iki kız olursa?'

Buyurdu ki: '**İki kız çocuğu da olsa böyledir.**'

Oradakiler dediler ki: Birisi çıkıp 'bir kız' dese ona da 'evet' diyecek gibiydi. [Ahmed, 13835]

'**Benim ümmetimden üç kız çocuğu veya üç kız kardeş yetiştirip onlara iyi bakan birine cennet hak olur.**' [Şuabu'l-İman, 10511]

'**Kimin üç kızı veya üç kız kardeşi ya da iki kızı veya iki kız kardeşi olur da onları güzel yetiştirirse, on-**

lar hakkında Allah'tan korkarak iş yaparsa ona cennet vardır.' [Tirmizî, 1916]

'Kimin üç kızı olur da onlara sabırla davranır, yedirip içirmelerinde, giydirilmelerinde kusur etmezse onlar kıyamet gününde onun ateşten koruyanı olurlar.' [İbni Mace, 3629; Ebu Davud, 5147]

Peygamber aleyhisselamın hadis kitaplarındakisözlerinden seçilip alınan bu hadislerin ne anlattığını sıralayalım:

1- Kız çocuğu yetiştirmek kıyamet gününde Peygamber aleyhisselam ile beraber olmaktır.

2- Kız çocukları bir imtihandır. Çocuk esasen bir imtihandır ama kız çocuğu daha hassas bir imtihandır. Bu imtihanda başarılı olmak ateşten korunmak anlamına gelmektedir. Kız çocuğunun imtihan olması onun erkeğe oranla kötü olmasından asla değildir. Kız veya erkek; herkes Allah'ın kuludur. Kulluğun ötesinde bir meziyet değildir erkeklik. Kız çocuğunun imtihan olması, barındırdığı farklılıkları, erkeğe göre tek olma özelliği gösteren yönleridir. Kız çocuğu kazandırdığında cennet kazandırıyorsa kaybettirdiğinde de cennet kaybettiriyor demektir. Bu kız babası veya annesi için hassas bir uyarı olduğu kadar kızların bizzat kendilerini de silkeleyecek ve kendine getirecek nazik bir uyarıdır.

3- Açık bir rakam vermektedir Peygamber aleyhisselam: Üç kız çocuğu. Üç kız çocuğu yetiştirmeyi ümmetinin önüne hedef olarak koymaktadır. Namaz kılana, cihat edene cennet vaat ettiği gibi üç kız çocuğu projesinde muvaffak olana da direk cennet vaat etmektedir. Bunu bizim, Peygamber aleyhisselamın üç kız çocuğu projesi olarak anlamamızda bir sakınca yoktur. İfade gayet açıktır.

4- Üç kız çocuğunu sıradan doğurup büyütmek değildir istenen. Ümmete adanmış, ümmet standartlarında bir kız çocuğudur istenen. Merhametin, sabrın ve Allah korkusunun esas olması gerekiyor.

5- Üç kız çocuğu ile beraber üç kız kardeş de söylenmiştir. Bu bir yandan üç kız kardeşine babalık yapabilenin kazanacağı sevabı izah ederken bir yandan da meselenin bir babanın kız çocuğu yetiştirmesinden çok ümmete kız yetiştirilmesi olarak öne çıkmaktadır. Bu bir ümmete kız çocuğu yetiştirme projesi olarak önümüzde durmaktadır. Çünkü kız çocuğu ailenin bir bireyi olmasından önce ümmetin aziz değerlerinden bir değeridir.

6- Sevgili Peygamber aleyhisselam Efendimiz'in dilinden 'üç kız veya üç kardeş' ifadesini duyduğumuz gibi 'iki kız veya iki kardeş' ifadesini de duymuş olduk. Bu da kız çocuğu vesilesiyle rahmetin ne kadar yaygın olabileceğini göstermektedir. Hatta sahabi zannetmiş ki birisi çıkıp: 'Şu sevabı bir kız çocuğu yetiştirene de vaat eder misin?' diyecek olsa ona bile 'evet' derdi. Bu nokta da bize üç, iki veya bir kız çocuğunun bu ümmetin değerleri ile yetiştirilip büyütüldüğünde ne denli büyük bir rahmetin sebebi olduğunu göstermektedir.

7- Neden 'ateşten korunma ve cennet' vaat ediliyor bu hadislerde diye bir soru soramayız. Mü'min için ateşten korunmak ve cennette olmaktan daha büyük bir gaye olabilir mi ki Resûlullah sallallahu aleyhi ve sellem onu vaat etsin. Eğer ateşten korunmak ve cennette olmaktan daha değerli bir gaye var zannediyorsa bir insan, kökten erimiş demektir. O ayrı bir beladır öyleyse.

8- Bir ince çizgi daha çizip hadisleri anlamaya çalışabiliriz: Bu sözlerin sahibi Peygamber aleyhisselam Efendimiz yedi çocuk babası ama nesli kızından devam etmiş bir babadır. Kız babaları için başları üzerinde yüklü bulutlar gibi dolaşan bir müjdedir bu. Kızlar içinse söze gerek yoktur.

9- Bildiğimiz kadarı ile bu hadislerdeki 'üç, iki kız çocuğu...' anlatımı erkek çocukları için yoktur. Elbette erkek çocukları bu yüzden değer kaybedecek değildir. Sırf kız çocuğu olduğu için de kimse cennetlik kul değildir. Bir kazanma vesilesi ve ihsan olarak görülmesi bakımından kız çocuğu zikredilmiş, erkek çocuğu bu üslupla bu hadislerde zikredilmemiştir.

10- Eğer bu hadisler veya hadis olarak bize ulaşan Peygamber aleyhisselama ait sözler hayatımızı şekillendirmiyor, bakış tarzımızı düzeltmiyorsa mesela bu hadislerden etkilenerek, 'ah benim de üç kızım olsa!' dedirtmiyorsa ortada başka bir sorun var demektir. Büyük oranda imanla alakalı olan bu sorun ele alınmalı ve çözüm bulunmalıdır. Resûlullah sallallahu aleyhi ve sellem ümmetine 'üç kız veya üç kız kardeş' olarak özetlenebilecek bir proje teşvik edecek ama ümmeti şu veya bu sebeple bunu anlayamayacak ya da farklı şekilde yorumlayacak olursa bu bizim için en iyi ifade ile kıymet bilmemek olur. Maazallah.

Bu muhteşem müjde hadislerini ilk duyan mü'min tabiî olarak 'kız çocuğu yetiştirmek ne büyük sevapmış' yorumu yapacaktır. Böyle yorumlamakta da haklıdır. Hadisler de bu sevaba davet etmektedir. Ateşten kurtulmak ve cenneti hak etmek olarak özetlenebilecek bu hadislerdeki müjde elbette babayı ve anneyi teşvik etmektedir öncelikle. Ancak biz sevap kazanan anne-babayı anlıyoruz da bu hadislerin ana konusu olan 'kız çocuğu/kız kardeşi' değerin ve sevap kaynağının kendisi olarak ele almıyoruz. Baba, kızımla sevap kazanacağım, ateşten kurtulacağım derken kız neden 'ben cennet sebebiyim, ateşten kurtarıyorum' demiyor? Onu yetiştiren kazanıyor da kendisi zarar mı ediyor? Kız çocukları, genç kızlar bu ümmetin kızı olduklarında anne-babalarından önce onların kendilerini bu büyük değerin aslı olarak görmeli değil midirler?

Cahiliye döneminde doğmuş kızların diri diri gömülebildiği bir ortamda kız cinsini nerelere taşımış sevgili Peygamber'imiz. Şimdi bir çağa geldik ki, kızlara ana rahminde yaratılma hakkı bile çok görülüyor. Ne kız ne erkek, insanın çoğalmasına müsamaha yok, öyle bir çağa geldik. Bir kere daha değer kazandı bu ümmetin kızı. O zamanki çağda cennet şifresi olmuştu. Şimdi de cennet şifresi olacak. Babasına ve annesine kazandıracak. Ümmetine kazandıracak. Ve en önemlisi de biiznillah kendisi kazanacak.

Bu Ümmetin Kızına

Hocam,

Erkeklerle gerekli bir durum olduğunda veya alışveriş yaparken konuşuyor ve göz göze muhatap oluyoruz. Bu durumda, "harama bakmasınlar, gözlerini korusunlar..." ayetleri gereğince tavrımız nasıl olmalı? Mesela bazı kaynaklarda, "kadın edeple gözünü çevirmeli ve önüne bakarak konuşmalı" gibi cümleler yazıyor. Fakat bu da kadının iletişimi açısından bir sorun teşkil etmez mi?

Değerli hanım efendi,

Burada dikkat edilmesi gereken husus şudur:

Bayanın yüzü bir erkek için, olduğu gibi çekicidir. Bayanın sesi de ikinci bir çekici cazibe noktasıdır. Bayanın tesettürlü olduğunu kabul ederek bu iki cazibe noktasından fitneye düşmemesi/düşürmemesi için şunlara dikkat etmesi gerekir:

a- Bir kere mü'min bayan, ortam seçici olacak. Her ortam onun için uygun olmayabilir. Çakı gibi delikanlı ile ihtiyar ve tezgâhındaki domatesleri satmaya çalışan bir esnafın durumu aynı değildir. İkisi de erkek olmasına erkektir ama birinde tepkisellik oranı çok daha yüksektir.

b- Zarurî olanı konuşmakla muhabbet etmek aynı değildir. Zarurî olanla yetinmeyi bilmek gerekiyor.

Gereksizi konuşmak, tartışma üretmek sakıncalı durumdur.

c- Konuşma esnasında el teması kesinlikle olmamalıdır. Mesela bayan ücret verecekse ücreti masaya koymalı, masadan fiş almalıdır. Bu bir hassasiyet göstergesidir.

d- Muhatap olunan erkekle fiziksel yakınlık mesela iki metreden yeterli olacaksa o noktada kalınmalıdır. Bir metrede bulunmayı zararlı görmelidir.

Bu fiziksel yakınlık konusuna başka bir örneği şöyle verebiliriz:

Bir tuhafiyeci dükkânında alışveriş yapan bayanın bu ölçülere dikkat etmesini ileri derecede etkileyen bir durum, mesela dükkândaki aynalardır. Bayan nerede durursa dursun tezgâhtarın onu üç boyutlu izleyebildiği bir ayna sistemi tehlikeli görülmelidir. Aynı şekilde kamera kaydı yapan mekânlarda uzun süre ve farklı beden hareketleri ile bulunanlar için de daha sonra o kayıtların izlenme ihtimali olduğu göz önünde bulundurulmalı ve unutulmamalıdır. Bu durum, mesela kayıt yapılan apartman içi mekânlar için de geçerlidir. Burada, 'bayanlar kamera var diye merdiven çıkmasın mı?' gibi kör bir itiraza mahal yoktur. Anlatılmak istenen, evinin odasında dolaşır gibi kendini rahat hissetmemesi meselesidir.

e- Özellikle ve özellikle halvet yani üçüncü bir kişi olmadan ve gözden ırak olmak bakımından yalnız yerlerden kaçınılmalıdır. Halvet tam anlamı ile tehlikedir.

Bunun için en hassas örneklerden biri evlere gelen servisçiler, fatura okuyucuları gibi yabancılardır. Bayanların evlerinde erkek bir kişi yokken, ev içinde çalışacak servisçileri içeri alması uygun olmaz. En azından komşu bayan çağırılarak halvet önlenebilir. Kapı sonuna kadar açılmadan konuşma yapılabilir. Can güvenliği açısından da olması gereken budur zaten.

Özet olarak şunu söylemeliyiz:

Bayanın ihtiyacını dile getireceği, sorusunu soracağı bir görüşmeyi yapmasını yasaklayan bir nas yoktur. Böyle bir emir de yoktur. Yasak olan, mü'min kadının oğlu ile konuşur gibi servis ustası ile konuşmasında özetlenebilecek hatadır. Mü'min kadın, dikkatli olduğu sürece çıkmaz sokakta değildir. Dikkat etmedikten sonra güvenli hiçbir yer yoktur zaten. Yeter ki buradaki dikkat ölçüsü fasit çevrenin belirlediği bir ölçü olmasın.

Bir Üçe Eşit Olur mu?

Resûlullah sallallahu aleyhi ve sellem peygamberimizdir. O bize hayatın sırlarını öğretti. Gerçek rakamları ondan öğrendik. Yaşadığımız dünyanın ve yaşayacağımız ahiretin bilinmezlerini ondan aldık. Ona teslim olmayı kurtuluşumuzun ana şartı gördük. Her sözü bizim için kanundur. Sözlerinin hiçbirinin başka bir beşer tarafından alternatifi üretilemez. Böyle iman ediyoruz.

Ashab-ı kiramdan Ebu Hureyre bize tatlı bir hatıra naklediyor. Bu hatıra her mü'min için dikkat çekicidir ama kadınlar için daha da caziptir. Anneler için caziptir. Anneden doğan her çocuk için caziptir. Aile hayatımızı, aile içi huzurumuzu ortaya koyan bir belge gibi duruyor bu hatıra. Allah'ın rızasına giden yolu gösteriyor Peygamber aleyhisselam, can kulağı ile okuyoruz:

Adamın biri Resûlullah sallallahu aleyhi ve selleme geldi ve dedi ki:

'Ya Resûlallah, insanlar arasında benim iyi davranma görevim açısından en önde kim geliyor?' Ona:

'Annen' diye cevap verdi. Adam:

'Sonra kim?' dedi. Cevap olarak:

'Sonra annen' buyurdu. Adam:

'Peki sonra kim?' dedi. Yine:

'Annen' buyurdu. 'Sonra kim?' deyince de:

'Baban' buyurdu. (Buharî, 5971; Müslim, 2548)

Konuştuğunu Allah adına konuşan Peygamber aleyhisselam Efendimiz, bu cevaplarını da kendi tercihi olarak söylemedi. O ne söylerse Allah'tan söyler, Allah adına söyler.

Hadis açık bir şekilde üç kere 'anne' bir kere de 'baba' demektedir. Matematik değerleri adeta yok sayılmıştır. Üç bire eşit tutulmuştur. Üç baba bir anne edebilmektedir. Elbette babaların kadrini düşürmek, onları hafife almak bakımından bir taviz fırsatı oluşturmuyor bu hadis. Babanın yeri bellidir. O, çocuğunun önünde babadır. Çocuğu ona itaat edecektir. Buradaki incelik annelere biçilen değerin büyüklüğüdür.

Bu ümmetin kızları, anne adaylarıdırlar. Anne olduklarında üç baba gibi tutulacaklardır. Göklerden yere kadar onları şahlandırmak için: "Annen, annen, annen sonra da baban" diye seslendirilmektedir. Yarın anne olduğunda göklerde ve yerde böyle görülecektir. Yarını böyle olanın bugünü, yarını ile benzeştirilmelidir. İnternet çağının ölçüleri neye çağırırsa çağırsın, çağlar öncesinden bu ümmetin kızları üç erkek kapasitesinde değerin sahibi olmaya çağırılmışlardır. Bu çağrıyı hak edenler olur, hak etmeyenler olur. Göklerden yere bulutların yüklenip taşıdığı rahmetin ölçüsü budur: Her bir kızımız, üç kere kanatlanacak büyüklüktedir. Kızlarımızı ve erkeklerimizi yaratan böyle murat etmiş, böyle yaratmıştır. Hüküm onundur. Söz onundur. Gerçek budur: Bir üçe eşittir.

Bu Ümmetin Kızına

Kıymetli hocam,

Affınıza sığınarak soracağım. Bu satırları utanarak yazıyorum.

Üç evladım var ve hepsini de iki sene emzirdim. Hâliyle vücudumda çatlama, pörsüme ve küçülme meydana geldi. Ben bu durumu o kadar önemsemiyorum fakat eşim, bunu artık çok büyük bir problem hâline getirdi. Bana sürekli, "artık senden zevk alamıyorum, tatmin olamıyorum, bir kere daha evlensem" gibi şeyler söylüyor ve ben çok üzülüyorum. Artık kendime hiç güvenim kalmadı. Benimle beraber olmak istemiyor. Rabbim bana bir eş vermiş ve ben onu çok mutlu etmek istiyorum. Her türlü çareye başvurdum. Hap, krem vs. hep geçici oluyor ya da yaramıyor.

Sorum da şu ki acaba ben, vücudumun eski hâline benzemesini sağlamak için estetik ameliyata başvurabilir miyim? Şu an bunu okuduğunuzda belki de 'ümmet yanıyor, kan ağlıyorken sizin derdinize bak' diyor olabilirsiniz ama dünya hayatında ben kocamı mutlu edemeyeceksem, gönlünü doyuramayacaksam kendimi nasipsiz sayarım.

Caiz değilse de bana nasihat edin, kocama nasıl yaklaşayım? Ne diyeyim? Bana nasıl geri döndüreyim?

Selametle kalın.

Bacım,

Allah Teâlâ, yavrularınıza ve sizlere afiyetler ihsan buyursun.

Ümmet ne hâlde olursa olsun, siz de bu ümmetin bir ferdi olarak bunları sormaktan utanmamalısınız. Ümmetimizin hâllerinden biri de zaten, eşler arasındaki bu sıkıntılardır. Rabbim yardımcınız olsun.

Dışarıdan böyle bir konuya müdahale etmek sağlıklı bir sonuç getirmez ama size şunu söyleyebiliriz:

Eşinizin bir takıntısı olabilir. Bu muhtemeldir. Soğukluğunun bütün nedeni kesinlikle bahsettiğiniz durum değildir. Belki bardağı taşıran bir damla olabilir bu. Eşinizin haklı veya haksız olması açısından zikretmiyorum bunları. Konuyu daha geniş düşünmenize yardım etsin diye zikrediyorum.

Bacım,

Kullandığınız parfüm,

Giydiğiniz elbisenin rengi-şekli,

Muhabbet esnasındaki hitap sözleriniz,

Onun aile efradının size bakışı, sizin onlar hakkındaki kanaatleriniz,

Çocuklarınızın, babalarına karşı muhtemel hatalı bakışları,

Sizin harcama olarak ona göre fazla fatura getiriyor olmanız,

Yatağa girdiğinizde ondan önce uyumanız,

Onun canının istemediği bir zamanda ona yaklaşmaya çalışmak istemeniz,

Arkadaşlarının eşleri hakkında duyduğu hoş ifadeleri sizde bulamadığını zannetmesi,

İş ve sokak ortamında kendini teşhir eden giyinmiş çıplaklara imrenmekten kendini alıkoyamaması...

Ve daha pek çok sebep...

Bunların hepsi de olabilir, hiçbiri de olmayabilir. Bunlar ihtimallerdir sadece. Genelde karşılaşılan ilk çatlaklar ise bunlardır.

Şunu kesinlikle söylemeliyim:

Bunların her biri var olsa bile hiçbir yol, dönüşü olmayan yol değildir. Uygulama hatası yapılmadıkça biiznillah dönüş mümkündür.

Hanım kardeşlerimiz genelde böyle bir sorunla karılaştıklarında, en son söylenecek sözleri ilk başta söyler, en son yapılacak şeyleri en başta yaparlar. Böylece de sorun kördüğüm olur kalır. Örnek olsun da kolay anlaşılsın diye bir benzetme yapmak istiyorum. Gençlerin yüzünde küçük sivilceler çıkar. Gençler hemen aynanın karşısına geçip onu patlatırlar. İğne ucu gibi bir çıkıntı yaraya dönüşür. Sonra onu elleriyle iyice mikroplandırır dururlar. Yüzlerinin güzelliğini korurken yara bere içinde kalırlar. Bunu hanım kardeşlerimizin bu konudaki reflekslerine benzetiyorum ben.

Sizin durumunuz çok daha farklı olabilir. Siz haklı da olabilirsiniz. Bunu takdir etmek benim görevim değildir ama genel bir ölçü koyarak size yardım etmek istiyorum.

Şimdi isterseniz, sizin için çözüm üretmeye çalışalım:

1) Siz de eşiniz de insansınız, kulsunuz. Hata edebilirsiniz. Bu gelişmeyi, sizden veya eşinizden çıkmış bir hata mantığı ile ele alın. Siz haklı iseniz de eşinizi hata ediyor diye kabul edin. Bu mantık, 'aldattı, nankörlük etti, kullanıp attı...' tarzlı mantığa göre çözüm üretmede daha akıllıca olacaktır. Bir kere bu mantıkta çözüm arayışı vardır, itham ve itme yoktur. Gayet samimi olarak söyleyebilirim ki, bu yaşadığımız şehirlerde erkeklerin hâli gayet ağır risk taşımaktadır. Herhâlde insanlığın başından bu zamana kadar, kadın nesli bu kadar savrulmamıştır. Gerçi ne erkek kaldı ne kadın ama durum vahimdir.

2) Eşinizi bir ay kadar izleyin. Özel zevklerini, yeni oluşmuş ilgi alanlarını, sempati duyduğu kelimelere varıncaya kadar sizde bulmadığını zannettiği veya fiilen bulamadığı noktaları tespit edin. Bir istihbaratçı gibi çalışın. Bu zaman diliminde elinizde kayıt cihazı ile dolaşır gibi olmayacaksınız elbette. Doğal ve olabilir şeyleri yaparak bu izlemeyi uygulayın. Sonunda bir eksik veya ters anlaşılmış iş listesi ortaya çıkarsa, artık siz doktorsunuz. Düzelteceksiniz ve eşinizi yeniden kazanacaksınız.

3) Bu bulunduğunuz noktadan sonra, ikinizin arasında bir danışman veya müsteşar olmasının yararı vardır. Beraberce ona gidip derdinizi paylaşmanız çözümü kolaylaştırır. Size açmadığını ona açar. Bir danışman, büyük, ağabey, hoca, psikolog... birini bulun muhakkak.

4) Eşinizin gözünün bir başka bayana takılmış olması da muhtemeldir. Bu en ağır ihtimaldir. 'Tedavi' süreci de uzun olabilir. Bunu da ancak o bahsettiğim danışman yardımı ile çözebilirsiniz.

5) Tekrar huzurlu yuva istiyorsanız, eşinizin ikinci bir hanımla beraberliğini görseniz de onunla iletişim kanallarını asla tıkamayın. İtham etmeyin. Beddua etmeyin. Eski bildiğiniz ayıplarını sayıp dökmeyin. Aile büyüklerinizi devreye sokmayın. Arkadaşlarına durumu deşifre etmeyin. Bunların hepsi ateşe ateş ilave etmek olur, bilesiniz. Huzur istiyorsanız, eşinizi hastalanmış da tedavisi için çırpınıyorsunuz gibi sabırla takip edeceksiniz. Sizin sabrınız onu sonunda aklı başında bir eş yapacak ve size bağlayacaktır biiznillah.

6) Samimi dualar etmeyi sakın ihmal etmeyin. Her namazdan sonra dua edin. Kalplerin ve hislerin Allah'ın elinde olduğunu unutmamalısınız. Dua silahı çok müessirdir. Beddua sadece yıkar; dua yapar ve yükseltir.

7) Bu dönemde çocuklarınızı bağrınıza basmayı unutmayın. Babalarına karşı onları kışkırtırsanız hata edersiniz. Siz anneliğinizi zaten gösteriyorsunuz onlara. Onları bir çeşit ağrı kesici gibi görün kendinize.

8) Göğüsleriniz, mesela yaşınız kırktır ve sizin göğüsleriniz kırk yaşında üç doğum yapmış bir kadının tabiî görüntüsünde ise, cerrahi müdahale yapmanız caiz olmaz. Vebale girersiniz. Hem vebale girersiniz hem de eşiniz açısından çok şey değişmeyebilir. Bu-

nun ötesinde ağır bir yıpranma varsa, mesela kırk yaşınıza rağmen altmış yaş gibi oldu ise ya da yeni bir doğumda emziremeyecek derecede zayıfladı ve bunu size doktor belirtti ise ona müdahale edilebilir.

9) Bacım,

Sakın ha, bu durumu dininizle sürtüşme konusu yapmayın. Kadınların önündeki en ağır meselelerden biri bu imtihandır ve kadınlar bu imtihanı kolay kolay geçemiyorlar. Zor mu zor ama imtihan bu. Aman sabırlı olun. Allah'ın erkeklere verdiği ikinci bir hanımla evlenme ruhsatını irdeleyerek kendinizi tehlikeye atmayın. Böyle bir itiraz ne eşinizi vazgeçirir ne de sizi rahatlatır. Sadece şeytan sevinir buna. Şeytan bu nedenle sizi dininizden, dininizin ahkâmından soğutmasın. Sizi bu konuda kışkırtanları yok sayın. Eşiniz kendi imtihanını olsun, siz de kendinizinkini.

Mü'min, ahiret insanıdır.

Ahiret insanı ne demektir?

Dünyanın kaybına yanmamaktır. Belayı istemeyin ama belaya karşı yürekli mü'min olun. Eğer Rabbiniz, bütün tedbirlerinize rağmen sizi böyle sınayacaksa, bırakın sınasın. Siz de kendinizi sınanmaların olmayacağı, bedenlerin yıpranmayacağı yere hazırlayın. Orada olmayacak bu dertler. Allah'a emanet olun.

Bu Kızlar Dinin Yarısı

Müslüman nüfusun yarısını kadınlar oluşturuyor. Gençlerin ve çocukların da yarısını kızların oluşturduğu bir gerçektir. Hayatın yarısını her alanda erkeklerle kızların paylaştığı iddiaya muhtaç bir gerçek değildir. Caddelerde yürüyen insanlardan salonlardaki kalabalıklara kadar her yerde kadın hiç değilse yarısıdır insan nüfusunun.

Peygamber aleyhisselam Efendimiz ise Müstedrek'in 2681, Şuabu'l-İman'ın 5101 nolu hadisinde başka bir yarımdan söz ediyor. Bu ümmetin kızı olarak yaratılmanın, içi doldurulabildiği zaman ne denli büyük bir ecir kaynağı olabileceğini düşünmemizi sağlayacak bu hadisi mü'min kızlar kimlik şifreleri gibi ezberlemelidirler. Yeniden hayata mü'mince bakışımızın bir göstergesi olarak bu hadis düşünülmelidir. Güzelliğe yeni bir anlam verebiliriz. Evlilik için dizili şartları yeniden dizebiliriz. Erkekler ve kızlar hayattan beklentilerini yeniden sorgulayabilirler. Mü'min kızlar, Allah'tan korkup Allah'ın onları oturttuğu bu orijinal yere yerleşmeye çalışmalıdırlar. 'Kim olmalıyız' ile 'şu anda kimiz' sorularını karşılaştırabilirler. Yaratan ve hayat veren Allah nerede ve nasıl görmek istiyor; yaratılmış ve kul insan kendisini nerede tutuyor?

Hadisi, sahibi Allah'ın nebisi olan bir söz olarak okuyalım:

'Allah hangi erkeğe saliha bir kadını eş olarak takdir buyurdu ise dininin yarısında ona yardım etmiş demektir. Gerisinde de Allah'tan korksun.'

Sıradan bir âlimin sözü veya bir müçtehidin içtihadı değildir bu. Bizzat Allah'ın "kendiliğinden konuşmaz, biz konuştururuz" buyurduğu makamın sözüdür. Bu söze erkekler muhatap olduğu kadar kadınlar ve kızlar da muhataptır. Erkekler neye muhatap olduklarını, neyi aramaları gerektiğini bu hadisten öğreneceklerdir. Kızlar da kim olabileceklerini yine bu hadisten öğrenebilirler. Saliha bir kadın olarak eşinin evinde beklediğinde 'dinin yarısı' hacminde bir kimlik sahibi olmanın yanında bu vasfı yitirdiklerinde veya oluşturamadıklarında kaybettikleri şeyin 'dinin yarısını tartabilecek' meziyetler olduğunu bilmelidirler. Şu sözü bir kere daha okuyabiliriz:

'Allah hangi erkeğe saliha bir kadını eş olarak takdir buyurdu ise dininin yarısında ona yardım etmiş demektir. Gerisinde de Allah'tan korksun.'

Ortada bir abartma veya teşvik için söylenme durumu olamaz. Söz nübüvvet makamının sözüdür. Kadını veya erkeği kollamayan, kula yolunu gösteren makamdır nübüvvet makamı. İman gereği olarak dinlenir ve gereği yapılır o sözlerin.

Bu mübarek hadisi, mü'min kızlar ve mü'min erkekler okuyup düşünmelidir. Basit bir inceleme ile şu hassas uyarıları bu hadisten okuyabilmekteyiz:

a- Hadis açık bir şekilde evliliği Allah'ın kaderinin bir yansıması olarak gösteriyor. Bu nedenle de bir erkek kuluna 'saliha kadın' takdir buyuruyor örnek olarak. Eğer bir iş Allah'ın takdiridir diye iman ediyorsak, o takdirin doğal sonucu olarak da Allah, kulunu o takdiri üzerinden imtihan edecek demektir. Evlilik en büyük takdir alanlarından biri olduğuna göre aynı zamanda en büyük imtihan alanlarından olmaktadır. Erkek bir 'saliha kadın' ile evlendiğinde bunu, Allah'ın takdiri ve imtihan olarak göreceği nimeti şeklinde yorumlayacak, sonra da gereğini yapacak. Kadın da erkeği için 'saliha kadın' olduğunda hangi nimetin ağırlığı ile evlilik hayatını sürdüreceğini ya da sürdürmesinin onun için imtihan olacağını anlamalıdır.

b- 'Saliha kadın' kimdir? Saliha kadın, salih ameller sahibi kadın demektir. Kadın için salih ameller listelenirken büyük oranda erkeklerle aynı liste paylaşılır. Ahzab suresinin otuz beşinci âyeti kadına ve erkeğe kulluk amellerinde ortalama bir çizgi göstermektedir. Evet, kadının erkeğe göre farklı meziyetleri/görevleri vardır ama bunlar kulluk bütünü içerisinde büyük bir yoğunluk oluşturmamaktadır. Âyet şu şekildedir: '**Şüphesiz Müslüman erkekler ve Müslüman kadınlar, mü'min erkekler ve mü'min kadınlar, kendini ibadete vermiş erkekler ve kendini ibadete vermiş mü'min kadınlar, davranışlarında samimi erkekler ve davranışlarında samimi kadınlar, sıkıntılara göğüs geren erkekler ve sıkıntılara göğüs geren kadınlar,**

Allah'a karşı gelmekten sakınan erkekler ve Allah'a karşı gelmekten sakınan kadınlar, sadaka veren erkekler ve sadaka veren kadınlar, oruç tutan erkekler ve oruç tutan kadınlar, iffetlerini koruyan erkekler ve iffetlerini koruyan kadınlar, Allah'ı çokça anan erkekler ve Allah'ı çokça anan kadınlar var ya; işte Allah onlara bağışlanma ve büyük bir mükâfat hazırlamıştır.'

Âyet, iyi mü'min olma alanlarında erkek ve kadın ayırmıyor. Kim kulluğun hakkını veriyorsa onu kullukta başarılı buluyor Allah.

Kadının kadın kimliğine 'saliha/iyi' vasfı kazandırması bu âyette sayılan ve erkeklerle de paylaşılan amellerin yanında kadının kadın olarak yaratılmasını gerektiren ve ona ait özelliklerin Allah'ın rızası doğrultusunda işletilmesidir. Buna kadının imanı elbette bir ilave olarak girmeyecektir. Kadının namazı da farklı değildir. Oruç veya diğer ibadetlerde kadınlarla erkekler aynıdır. Kadının farklı olabileceği ve ona 'saliha/iyi' olma özelliği katacak şey kadınlığı ile alakalı şeylerdir.

Özellikle vurgulanması gereken birinci nokta 'kadınlığının yıpratılmaması' olmalıdır. Buradaki yıpratma sıradan herkesin düşünebileceği mesela bekaretin haram bir yolla kaybolması ile daraltılmamalıdır. Bütün insanlık bunu bir sorun olarak görüyor zaten. Bu ümmetin kızları açısından önemli sayılabilecek fark olarak biz, kadınlığın fıtratına müdahale edilmemiş olmayı, kadının o fıtratı yıpratmamasını öne çıkarırız. Buradaki yıpratma geniş bir açıdan bakılarak, kadının toplum içinde bulunması gereken yerde bulunup bulunmadığı, aile içindeki görevlerinden ağırlığına kadar korunup korunamadığı gibi bugünkü liberal idrakin yok saydığı fıtrî ayarları önemsiyoruz. Çalışan kadın açısından bakıldığında bu fıtrî çizginin zedelendiğini söylüyoruz. Erkeklerin bulunması gereken konumlarda onun bulunmasını yadırgıyoruz. Bu ümmetin kızı olmanın büyüklüğünün aynı zamanda insan fıtratını omuzlamış olmayı da zorunluğu kıldığını söylüyoruz.

Bu nedenle 'saliha kadın/Allah'ın iyi kul gördüğü kadın' fıtratına müdahale edilmemiş, Havva annemizden intikal eden fıtrî ayarların korunduğu kadındır. Bunu ibadetler olarak isimlendirdiğimiz namazını eda etmesinden başlatır, babası veya eşi ile konuşurken kadın narinliği ile korumasına kadar yürütürüz. Beden güzelliği, yüz çekiciliği yanında hayâsının Peygamber aleyhisselamın hayâsı için örnek çizgi gösterilebileceği bir durumda olması ile sürdürebiliriz bu arayışımızı.

Netice olarak 'saliha kadın' bir yandan Allah'ın nimeti diğer yandan da dinî hayatın sürdürülmesinin bir tür teminatı gibi durmaktadır. Anne-babalar kız çocuğu büyütürken bir açıdan dini cephelerde cihat ile koruyan mücahitler gibi görev üslenmiş olmaktadırlar. Zaten bunun için o baba ve anneye üç kız çocuğunu yetiştirdiğinde cennet sözü verilmektedir. Ama bu ümmetin üç kızını!

c- 'Saliha kadın' diye bir hedef konduğunda beraberinde, bu ümmetin kızları üzerinden bir 'salih erkek' ve 'salih aile' hedefi de gösterilmiş olmaktadır. Zira sadece kadının 'saliha' olması bir sonuç getirmeyecektir.

> Saliha kadına salih erkek gelecek, her ikisi de salih bir yuva kuracaklardır. Bu da mü'minler olarak bizim Allah'ın dinini ikame etmesi gereken bir 'İslam devleti' kurmadan önce yapabileceğimiz iş olarak 'saliha kız'ı önümüze çıkarmaktadır. Büyük bir hedef olarak İslam adına devlet kurmayı, denizi kova ile boşaltmak gibi görebildiğimiz ortamlarda dahi 'saliha kız' yetiştirmek en azından niyet ve çaba açısından başarılabilir durumdadır.

Yapamamış olmamıza makbul bir mazeret üretemeyeceğimiz görevimizdir bu.

'Saliha kadın' bir cins adı değildir. Kadın cinsinin içinde bir kalitenin adıdır. Bu kalitenin sahibinde mü'min olmanın ve ibadetleri eda etmenin ilerisinde itidal sahibi olma vardır. Ne dünyaya tapınmış ne de dünyadan el etek çekmiş biri değildir o. Geçmişle çağ arasında ezilip gitmez. Kişiliği için ne gerekiyorsa onu bulduğu yerde alır. Fıtratı ile sürtüşmez.

d- Bu geniş çizgiler üzerinden bakıldığında Resûlullah sallallahu aleyhi ve sellemin neden **'Allah hangi erkeğe saliha bir kadını eş olarak takdir buyurdu ise dininin yarısında ona yardım etmiş demektir. Gerisinde de Allah'tan korksun.'** dediğini daha iyi anlamış oluruz. Kadının saliha kimliği yani Allah'a kulluğu öne çıkaran takva anlayışı, sabrından namazına ve kadınlığının doğallığını korumasına kadar bütüncül manadaki varlığı dinin en azından yarısı durumundadır. Kadın, toplumun yarısı olduğu kadar dinin uygulamasının da neredeyse yarısını oluşturmaktadır. Bu durum matematiksel bir gerçek olmaktan önce dinin kadın üzerindeki görevlendirmelerinden kaynaklanmaktadır. Erkeklerin ve ailenin ruhu niteliğindeki kadının kendisi adına gibi yaptığı işler aynı zamanda erkekler adına da yapılmış olmaktadır. Kadın bunu bilse de bilmese de durum böyledir. Bu ümmetten bir kız bu büyük bakış açısının kızıdır. Onun gibi üç kızı yetiştirmiş olmak, medreselerde hafızlar yetiştirmek, fakihlere hoca olmak gibidir. Üç kız veya üç kız kardeş; önemli olan ümmete bu karakterde insan kazandırmaktır. Ah şu kız yetiştirmeyi bu büyüklükle anlayabilsek, kızlarımızı bu gözle keşfedip onları evlerimizde ayaklı melekler, cennete çağıran münadiyeler gibi görebilsek, ah ah!

e- Derin bir düşünceye dalmaya gerek olmadan anlaşılan hakikatlerden ve üzerinde tefekkür edilmesi gereken gerçeklerden biri de şu olmalıdır:

Kaybedilen ya da ümmetin kızı olarak yetiştirilemeyen her bir kız için ne diyebiliriz, hangi afet adı kullanabiliriz? Onun eriyip gitmesine mi ağlasak, kaybettiğimiz hazinemize mi? Okullarda veya caddelerde heba edilmiş ne cennet tabuları var kim bilir... Nice cennet belgeleri, cennet kılavuzları güya tesettür mağazalarında, kuaförlerde, düğünlerde, akraba yarışlarında çürütüldü. Allah Teâlâ bir dilim ekmeği israf edene israfının hesabını sorar da her biri cennet kılavuzu olan bu ümmetin mübarek kızlarını sormaz mı? Her kaybettiğimiz kızla kaybeden sadece annesi babası mıdır yoksa kıyamete kadar gelecek bütün bir ümmet mi? Elbette bu sorunun cevabını vermeden önce doğurduğumuz çocuklarımızı kızlarımız olarak mı görüyoruz yoksa cennet tabularımız mı, önce buradan başlamak gerekiyor. Kızlarımız, Allah'ın onları yarattığı ve koyduğu maksadın dışına taşırıldığında zulme uğramaktadırlar. Hakla batılın karıştırılması zulümdür. Bu zulüm ümmetimizin kızları üzerinde onları cennetin anahtarları, toplumun esası olmaktan tekstil atölyelerinde işçilik, mağazalardan gözünü geri alamayan meraklılar düzeyine getirmekle de ortaya çıkar.

f- 'Saliha kadın' artık kaybettiğimiz, geçmişte kalmış bir hedef değildir. Dün ilk nesil saliha kadın hedefinde başarılı oldu ise bu hedefte biz de biiznillah başarılı oluruz. Allah Teâlâ kullarını yapamayacakları şeylerle imtihan etmiyor. Namaz da ilk nesilde pek güzel kılınıyordu. Şimdiki nesil namazı onlar gibi kılamıyor diye camileri kilitlemiyoruz. Ulaşıncaya kadar iyi bir namaz hedefimiz devam ediyor. Tıpkı bunun gibi saliha kadın hedefimiz de devam edecektir. Ümmetimizin bütün kızları saliha olsun diye gayret edeceğiz. Her kızımız dualarında 'Allah'ım, beni saliha kızlardan yap' diye dua edecek. Öleceğiz ama bu büyük hedeften vazgeçmeyeceğiz. Biz bu ümmetin ailesiyiz. Bu büyük ümmette babayız anneyiz. Kızlarımız bu ahirete kadar devam edecek büyük ve merhume ümmetin kızlarıdırlar. Bu hedef için:

– Gayemizi belirleyelim. Anne-babalar bunu konuşsun. İnsanların peşinde koştuğu dünyevî hedeflerin yerine biz bu büyük hedefi oturtalım.

– Yapacağımız işleri bir sıraya koyalım: Öncelikli işlerimizi öne alalım. Önemli işlerimizi sonraya alalım.

– Allah'ın bize ihsan ettiği bütün fırsatları bu uğurda kullanalım. Helal ve makul bütün yöntemleri kullanalım.

– Sonucun hayırlı olmasını da Allah'a bırakalım. O dileyecek ve her şey olacak. Bizim işimiz oldurmak değildir. Kul olarak üzerimize düşeni yapacağız. O kadar.

Bu Ümmetin Kızına

20 yaşında, üniversiteye yeni başlamış bir kızım. Utanarak söylüyorum ki bu yaşıma kadar ne tesettür umurumdaydı ne de namaz, annemin bütün uğraşlarına rağmen...

Bu sene üniversiteye gidince, yurt arkadaşlarım ve en çok da merak edip sizi dinlemiş olmam sayesinde kendimi sorgulamaya başladım. Biraz benim bilinçsizliğim biraz da babamın sorumsuzluğu ve onun bu sorumsuz tutumları sonucu, evin neredeyse bütün yükünü omuzlarına alan annemin, 'Oku, ekonomik özgürlüğünü eline al' fikri neticesinde...ki burada annemi suçlamıyorum. Çünkü ben de öyle düşündüm ve akademisyen olma hedefiyle üniversiteye gittim.

Ama şimdi oturduğum sınıftan da kendime koyduğum hedeflerden de rahatsız oluyorum. 'Bu değil!' diyorum sürekli. Aradığım, olmak istediğim, yapmam gereken... Sadece üniversite konusunda değil hayatımın her alanına ilişkin planlarıma artık 'böyle olamaz' gözüyle bakıyorum. İşlemeye başlayan planlardan ve hayat düzeninden de vazgeçmem kolay olmuyor.

Geriye baktığımda gördüğüm ben ile olmak istediğim ilerideki ben fazlasıyla farklı ve bu geçiş hâli beni çok zorluyor. Bunca sene kapanmam için ısrar eden annemden de aldığım tesettür kararına karşı, "Sen daha gençsin. Başörtün bari siyah olmasın. Bu pardesü çok bol..." gibi daha ilk kararımda eleştiri alınca, bu tepkisi sadece sözle olsa da şevkim kırılıyor. Anneme danışmak-konuşmak da içimden gelmiyor.

Sizden dinlediğim o 'saliha kadın'lara nasıl özeniyorum bir bilseniz… Bunu kalbim ve aklım onaylasa da bazı konularda yirmi yıldır şımarmış nefsim onaylamıyor ve beni zorluyor. Bu şekilde size sormam doğru mu bilmiyorum ama öğrenmeye sizinle başladığım için yardımı da sizden almak istedim. Kendimi nasıl değiştireceğimi, bu konuda nasıl bir yol izlemem gerektiğini bilmiyorum. Allah'a dua ediyorum, hakkımda hayırlısını vereceğine de güveniyorum… ama… hayatımda fazlasıyla 'ama' var.

Söyleyeceğiniz şeyler benim için çok önemli. Tavsiyelerinize ihtiyacım var. Umarım anlatabilmişimdir derdimi. Bana yol göstermenizi istiyorum. Allah sizden razı olsun.

Kızım, çok uygun bir yaşta ve güzel bir virajdasın. Seni bu düşünce ve hasretinle on yıl sonra görmeyi hayal etmek bile beni heyecanlandırıyor. Umarım bu sözlerim sana fayda verir, dua etmene vesile olur. Ümmetimin yarınında adı yaşayan mücahide bir hanım olman için dualar ederim.

Kızım, ilk iş tohumdur. Sonra tohumu dikmek ve ardından da ona bakıp büyütmektir. Bu yapılınca büyük bir ağaç önümüze çıkar.

Sana da önce bir iman tohumu gerekiyordu, bak onu bulmuşsun elhamdülillah. Ne güzel etmişsin, içini iman tohumu ile yeşertmişsin. Bu büyük bir merhaledir, mükemmel bir başlangıç olmuş. Gerisi emin ol çok kolaydır.

O iman lezzetinin kıymetini bil. Bin hatan, bin bir yanlışın olsun da yeter ki o 'Rabbim benim!' diyebilen imanın canlı olsun. O arayışın her şeydir senin için. Bu nokta çok güzel.

İkinci olarak da elindeki iman fidanını dikmendir. O dikme de arkadaş çevren ve sana kültür oluşturan unsurlardır. Bunun için bir nebze yorulacaksın. İnternetten arayacaksın. Çevrenden seçeceksin. Yılmayacak ve yorulmayacaksın.

Üçüncü olarak da elindeki fidanı diktikten sonra ona bakman ve onu kollamandır. Bu da ibadetlerin ve duandır. İbadetlerini, başta namaz ve Kur'an okuma olmak üzere canlı tut. Bilmiyorsan hemen Kur'an öğren. Senin için bir hafta bile sürmez onu öğrenmek. Sonra da aç yüreğini, göklere kadar yükselecek bir iç seslenme ile seslen Rabbine. Oku da oku o kitabı. Bak ne huzur dolu anların olacak.

İbadetler çok önemli, unutmayasın. Namaz en önemlisi olmak üzere, ibadetler çok önemli. Becerebildin mi ibadetten lezzet almayı, seni ateşe atsalar da cayır cayır yanarken serin bir nefes alırsın sanki. Düşsen suya, denizin diplerine kadar indirilsen, neşe saçarsın yine de. İbadet çok önemli. Buluşuncaya kadar Rabbine ve erinceye kadar cennet diyarına...

Bir de dua önemlidir. O kadar ki, nefes alıp vermen bile bir duaya dönüşsün zaman zaman. Dilin mırıldanırken söyleniver sen, dertlerinle de rahatla. Almayagör duadaki lezzeti, bir daha geri duramazsın, elin dua eder, dilin eder, gözün eder, kulağın eder... Akşam-sabah dua olursun sen.

Ve en önemli nokta kızım,

İlimsiz kalmayacaksın. Dinin neyse o dinin ilmi sende olacak.. Devşirme değil asil bir ilmin olacak hem de. Her gün ilmini bir basamak yükselteceksin. Kural budur.

O ilim basamaklarını tırmanırken yapman gereken ne yeni ve heyecanlı işler göreceksin de için dolacak, yüzün gülecek biiznillah.

Bir de sana küçük bir ikazım olsun da anlamını idrak ettiğin zaman bu ağabeyine dualar edersin, seni hayra yönlendirmiş olduğum için:

İyi bir mümine olarak yaşamak istiyorsan, sana yoğun bir enerji gerekir. Enerjin ise çabuk tükenir bir değerdir. **Enerjini asla mü'minlerle tartışarak tüketmeyeceksin! Asla!**

Hele hele anne-babanla tartışma, onlarla inatlaşıp sürtüşme. Hak bildiğin şeye karşı sana inatla dikilseler bile sen onlarla sürtüşme. Evet, hiçbir zaman taviz veren biri olma ama enerjini de tüketme.

Yaşıtlarınla ve arkadaşlarınla da gereksiz yere tartışma. Doğru bildiğin şeyleri onlarla tartışarak güçlendireceğini zannetme. Ne onlar seni ikna edebilir ne de sen onları ikna edebilirsin ama ikiniz de birbirinizi eritirsiniz. Sabredeceksin ve kazanacaksın. Sabır senin silahındır. Sabır sensin. Sabır senin cennetindir. Sabır hasretin olan hedefin ta kendisidir. Ona göre davran ve ayağa kalk kızım.

Seni Allah'a emanet ederim.

Âlim Kız

'Mücahide', 'şeyh', 'mürşide' gibi vasıflar kadınlara yakıştırılamaz nedense. Bu sözcükler kadınlar için yasaklı gibidir. Kadına yasaklı olduğu için de kızların peşinde koştuğu, bir gün ben o olurum dediği şeylerden sayılmazlar.

Hele 'âlim' sözcüğü kadınla bir arada bir türlü telaffuz edilmez. 'Âlim kadın' yakışıyor mu acaba diye sorgulanabilir de. İlahiyatçı olabiliyor. Mühendis olabiliyor. Doktor olabiliyor. Siyasetçi, başkan, memur olabiliyor, oldu da. 'Âlim kadın' neden olmasın?

Bu ümmetin içinde 'âlim kadın' arandığında bulunuyor olsa idi bugünkü görüntümüzün böyle olmayacağı kesindi. Kadınları ilimle donanmış bir ümmet ile 'âlim' olmanın kadından uzak tutulduğu bir ümmet aynı pozisyonlarda olamazlar. Kızlarımızın ilahiyat tahsilli olmamasında kimse sakınca bulmuyor. Çünkü ilahiyatla ilim aynı şeyler değildir. Bir koltuğun sahibi olmayı sağlayan diploma ile İmam-ı Azam Ebu Hanife'nin izini sürecek birinin yansımaları aynı olmayacaktır.

Bu ümmetin içinde âlim kadın olmasının hiçbir sakıncası yoktur. Allah'ın kullarına açtığı ilim kapısından herkes girebilir. Eğer kadınlar arasından âlimler gelmiyorsa bu erkeklerin babalar ve muallimler olarak onları böyle bir konuma uygun bulmamalarından kaynaklanabilir. Böyle bir sorumluluğu sadece erkeklere de yükleyemeyiz. Kadınların da ilmi ve âlimliği takdir edememe hatası vardır. Üç beş günlük emekle âlim olmayı istemekten tutup, ilk evlenme belirtileri ile beraber ilme veda eden bir tür vefasız tutumlar da bunun sebepleri arasında zikredilmelidir. İlme ömrünü adamış kadınlarımız muhakkak olmalıdır. Genç kızlarımızın ilim heyecanı kitlelerin çeyiz heyecanını aşmalıdır. Bu ümmetin kızı olmanın farkı ilim ve amel heyecanından izlenebilir olmalıdır.

Kadın âlim olur. Kadın âlim olursa kendi alanında erkekten daha büyük işler yapar. Ümmetimiz bunu geçmişinde yapmıştır. Şimdi de yapabilir. Bu zordur ama imkânsız değildir. Kızlarımızın silahlı cihadın bulunduğu mekânlara şehit olmak için gitmek istediklerini duyuyoruz. Erkek veya kadın, herkes için en zor şey can vermektir. Bunu yapmaya talip kızlarımız oluyor da Ebu Hanife'nin izini sürecek kızlarımız neden olmaz? Olur elbette. Kızlarımız bunu istediklerinde ve gereken gayreti gösterdiklerinde olacaktır bu. Üç beş hanım hocayı kastetmiyoruz. Kanaati öğrenilmeden geçilemeyen âlim ve mürebbiye kadınları kastediyoruz.

Bu ümmetin kızları âlim de olur mücahide de. Şeyh de olur mürşid de. Bu vasıflar erkeklere mahsus değildir, hakkını verebilecek herkes için kullanılabilir vasıflardır bunlar. Kim Allah'a davet ediyor ve bir insanın ateşten kurtulmasına vesile oluyorsa o, yaşadığı zamanın Mus'ab'ı olur biiznillah. Yesrib'e giden ve orayı İslam merkezi durumuna getirmeye vesile olan insan dün ne icra etti ise bugünkü mü'min insanın da görevi odur. Evet, bayanların erkeklere oranla maddî imkânları sınırlıdır. Medya araçlarını kullanmalarının önünde mahremiyet ilkelerinin koyduğu kurallar vardır. Evli olmaları durumunda eşlerinin getirebileceği sınırlamalar olabilir. Anne olduğunda çocukla alakalı görevlerin zorlaması söz konusudur. Erkeğe oranla kadın daha zor ve daha yoğun bir çalışma ortamında olabilir. Yine de Allah'a davet etmede, toplumun din ile yaşaması için yapılacak çalışmalarda kadının yok sayılmasını gerektirecek bir durum asla yoktur. Önündeki bütün zorluklara rağmen kadının elinin ve dilinin o oranda bereketli olduğunu da unutamayız. Kadın âlim olduğu zaman erkek âlime göre daha bereketli olabilir. Fıtratında mürebbiyelik bulunan kadının Arapça öğrenip öğretmesi, fıkıh bilip tatbik etmesi, tefsir ilmine dalıp Kur'an ilimlerini ihya etmesi daha farklıdır. Son asırlarda çok şeyi kaybettik ama âlim kadını kaybettiğimiz kadar faturası ağır başka bir şey azdır. Yeniden bir âlim kadın gayreti gereklidir. Bu 'âlim kadın olma' gayretiyle ilahiyat fakültelerinde din üzerinden bir meslek edinme, evlenirken diplomalı farkı ile evlenme ötesine geçemeyen çalışmaları asla kastetmiyoruz. Ortamları ve gündemleri açısından ilahiyat fakülteleri bu beklentimizin muhatabı değildir.

Âlim kadın, âlim erkeklerin de yükünü azaltacaktır. Erkeklerin âlim vasıflarını kadın dünyasının ihtiyacı için kullanamadıkları, esasen kullanmalarının da neredeyse mümkün olmayacağı bellidir. Belki de bu nedenle âlimlerimiz 'âlim kız' yetiştirmeyi planlamaktan bile uzak durmuşlardır. Kadın zaten bir fitne olduğunda fitneye fitne ilave etmeye cesaret edememişlerdir. Hâlbuki kadın, fitne ise ilgilenilme ve üzerinde yoğun planlama yapma ihtiyacı da o fitne olma vasfının gereği olmalı idi. Bu ümmetin erkekleri ve kadınları bir arada ümmet olma özelliği barındırmaktadır. Erkeklerin muhatap olduğu ne varsa kadın da ona muhataptır. Bunu yeniden düşünmek durumundayız. Kızlarımız bir kâğıt parçasından başka getirisi olmayan diplomalar peşinde ömür bitirecek yerde ilerisi Allah'ın rızası ve cennet olan bir ilim sevdasına dalmalıdırlar. Vakıflarımız ve derneklerimiz de artık ilahiyat talebelerine burs vermeyi çağın en büyük yatırımı gibi görme zamanlarının çok geride kaldığını idrak etmelidirler. Artık bu ümmetin ilim ortamlarını oluşturacak yüzlerce âlim kadın yetiştirmeyi planlayan ve bunun da Şeriat kaideleri ciddiyetinde oluşması için çabalayan vakıflar ve dernekler ümmetimizin gözde vakıfları ve dernekleri olmalıdır. Binlerce erkeğin bir âlim kadın yetiştirmek için geceli gündüzlü çalıştığı zamanlar, İstanbul fethinin müjdelenmesi gibi mutlu haberlerin semalarımızda yankılandığı zamanlarımız olacaktır Allah'ın izniyle. O zaman bizim kadınlarımız üzerindeki ifsat çalışmalarına karşı muhkem cihadımız gerçekleşmiş olacaktır. Tesettür gibi hassas ve narin bir meseleyi erkeklerin şerh etmesine ihtiyaç kalmadan genç âlim kadınların tesettürü anlatıp yazdıkları hatta genç âlim kadınların birbirleri ile bu tür meseleleri derin ilmî tartışmalar etrafında konuşup yazdıkları zamanlar fethin yakın olduğuna inandığımız zamanlar olacaktır.

Bir hayal değildir bunlar. Olması gereken ya da oldurmak zorunda olduğumuz görevlerimizdir. Zor olması kaçma nedenimiz olamaz. Can verip şehit olmak da zordur ama talibi olmak isteriz. Cennet ucuz değil ki şu veya bu görevimiz kolay olsun.

Âlim kadın ihtiyacımızın karşılanması ve bu ümmetin

içinden Türkiye'sinden, Mısır'ından, Suriye'sinden veya Somali'sinden yüzlerce müçtehide âlimin yetiştirilmesi zor olmasına zordur elbette. Aşılamaz bir zorluk değildir. Allah'ın lütfu ile bu husustaki yatırımlar uzun yılları bulmadan sonuç verir. Bu ümmet bereketli bir ümmettir. Ümmetimizin kızları, Âsiye olmaya aday kızlardır. Yaşadıkları ortamlar Firavun sarayı gibi olsa bile onların içinden âlim de çıkar, mücahide de. Tarih örneklerle dolu iken bizim endişe etmemiz anlamsızdır. Sadece örnekleri bize ulaşanlar üzerinden bile yapacağımız bir inceleme umudumuzu artıracaktır. İmam Suyutî gibi bir âlimin hocaları arasında icazet alacak şekilde ders okuduğu elliden fazla kadın âlimin bulunduğunu bütün genç kızlarımız bilmelidirler. İbni Hacer'in eşinin ve kızlarının muhaddise olacak düzeyde âlim oldukları bilinmektedir. Sadece Buharî icazeti alıp vermişler arasından bile yüzlerce âlim kadın bulabiliriz. Kızlarımızın kaybettiği şeyin adı doğru yönlendirme ve konumlandırma ihtiyacıdır.

Kız çocuğu doğar doğmaz onun adına çeyiz toplamaya başlayan ailelerden oluşan mü'min toplumun gelebileceği nokta belli idi ve oraya da gelindi. Meryem validemizi annesinin henüz doğmadan Allah'a adamasını şaşmaz bir örnek olarak hafızalarımıza nakşetmeliyiz. O da erkek olsun istiyordu ama kız doğurdu. Kız doğurunca 'kız olduğuna' üzülmedi. 'Allah yolunda yapılacak işleri bir kız çocuğu erkek gibi yapamaz ne de olsa' diye düşündü. Buna kederlendi belki. Bunu da duasında dillendirdi. "Olmaz bir erkek kız gibi..." dedi. Sonunda azmini de sarsmadı. Kız ise ben Allah'a verdiğim sözü yerine getireyim diye düşündü. Sardı bebeğini kundağına ve götürdü adadığı yere. Allah

Teâlâ onun samimi ve heyecanlı yüreğinin talebini geri çevirmedi. Meryem kadınların ve erkeklerin iman örneği bir kadın oldu. Meryem'in annesinin ölünce konduğu toprakların üzerinde kim bilir onlarca devlet kurulup yıkıldı. Kemiklerinden bile bir eser bulunamayabilir bu dünyada. Ama en büyük eseri Meryem, milyarlarca insanın iman/küfür testi yapılacağı bir sembol oldu. Meryem'i doğurup kundaklayarak mübarek yere bırakan annesini Allah unutmadı. Onu Kur'an konusu yaptı. Hakkında âyet indirdi. Peşinde melekler yürüttü. Onu da kızını da kadınların başında sultan gibi yaptı.

Bugün bunaldığımız, kendimizden bile sıkıldığımız bir zamanda yaşıyoruz ne yazık ki. Şunu unutmayalım ama: Bugün bizi bunaltan neyse onun bir benzerini belki daha ağırını Meryem'in annesi de kendi zamanında yaşamıştı. Musa aleyhisselamın mücadelesinin yankıları henüz kaybolmamıştı ama ona iman edenler dini sulandırmışlar, dünyacı bir dindarlık icat etmişlerdi. Kendini kurtarmak üzerine felsefeler oluşturmuşlardı. Peygamberlerini peş peşe öldürüyor, söz dinlemiyorlardı. Meryem'in annesi bu fesat toplumunda tek başına bir şey yapamayacağı üzerine ağıt yakma yerine, doğurmayı ve doğurduğunu Allah'ın dinine hizmete adamayı yeğledi. Öyle de yaptı. Allah da niyetini samimi gördü. Niyetine ve işine bereket verdi. Dünyaların kadını oldu. Tek başına evrende adı olan, etkisi kıyamete kadar sürecek bir projeyi sahiplendi.

Biz 'âlim kız' projesini konuşurken, 'gerçekleşirse ne güzel olur' tarzında bir rüya yorumu yapmıyoruz. Allah o Allah'tır. Meryem'in annesini evrenin en meşhur projesinin sahibi yaptı. Onu samimi bulunca niyetine bereket verdi. Basit bir kadın olarak planladığı şeyi, Allah kâinat çaplı mucizelerle destekledi. Allah o Allah'tır. Bütün kullarına lütfu ile muamele etmeye muktedirdir. Sorun veya eksiklik bizim içimizdedir. İman ettiğimizi söylediğimiz, Meryem'in annesini ve Meryem'i Kur'an'ımızdan okuduğumuz hâlde ne yazık ki, bu ümmetin kızlarından biri 'âlim, müçtehit, mürşit' olabilir mi diye endişe taşıyabiliyoruz. Bir mü'min çıkıp "ben de kızımı cennet vesilem olsun diye fiilen Allah'a adıyorum. Onu âlim olarak yetiştireceğim" dese, Meryem'in annesi Hanne'ye güldüğü gibi İsrailoğulları'nın, bizim insanımız da bu Hanne kadın olmaya çalışan babamıza-annemize gülerler zannedersem.

Hayır. Binlerce kere hayır. İtirazımız var bu yanlış idrake. Kızlarımızdan âlim olamayacağını, olsa da evlendiğinde eşinin onu salmayacağını zanneden anlayışa itirazımız var. Allah o Allah'tır. O Allah ölüden diriyi çıkarıyor da bu ümmetin kızlarından bir davetçi, bir âlim neden çıkarmasın? Tembelliğimizi ve kısır döngülerimizi yasa zannettik, onun için bu kadar bocaladık. Zekeriya aleyhisselamın yeğeni durumundaki bir kız Meryem oldu da Muhammed aleyhisselamın kızlarından biri neden mücahit, âlim, mürşit olmasın? Neden? Firavun'un sarayından Âsiye çıkar da Kâbe'yi tavaf eden bu ümmetin kızlarından âlim çıkmaz mı? Bu ne kısır anlayıştır, nasıl babalık anneliktir? Bu insanlara din öğreten hocalar açısından nasıl bir hocalıktır ki, kadınlara dini anlatmayı bile erkek tasarrufu altında zorunlu tutmuştur?

Şu iki âyet bütün annelerin Fatiha'sı olsun. Okuyup tekrar okuyalım bu ayetleri. Ola ki Allah kalbimize rikkat verir, kendimize gelir de nesillerimizi kuruntularımıza göre değil Allah'ın muradına göre yetiştiririz. Tahrim suresinin on ikinci ayeti. Allah Teâlâ bu ayette Meryem'i bütün iman edenlere örnek imanlı kadın olarak gösteriyor. Erkeklere ve kadınlara, 'ben mü'minim' diyen herkese Allah Teâlâ, 'mü'min böyle olur/olmalı' buyuruyor:

'**Allah iman edenlere İmran'ın kızı Meryem'i örnek verir ki, o iffet ve namusunu korumuştu. Derken biz ona ruhumuzdan üfürmüştük. Meryem, Rabbinin sözlerinin doğruluğunu bilip kabul etmiş ve samimiyetle bağlananlardan olmuştu.**'

Şimdi de bu âyette sözü edilen Meryem'in annesinin duygularını, annelik anlayışını Âl-i İmran suresinin 35 ve 37. âyetlerinden izleyelim:

"**Bir zamanlar İmran'ın karısı demişti ki:**

Rabbim, karnımdakini her türlü bağımlılıktan uzak, hür olarak sadece sana kul olması için adadım. Benden bunu kabul buyur. Doğrusu sen, her şeyi duyan ve bilensin.

Fakat çocuğu kız olarak doğurunca, Allah onun ne doğuracağını ve istediği erkek çocuğun, kız gibi olmayacağını bilmekte iken şöyle dedi: 'Rabbim onu kız doğurdum, hizmet bakımından erkek, kız gibi değildir. Ona Meryem adını verdim. Onu ve soyunu lanetlenmiş şeytana karşı korumanı diliyorum.'

Bunun üzerine Rabbi, kız çocuğunu hoşnut olarak kabul etti.

O onu güzelce büyütüp Zekeriya'nın himayesine verdi."

Şunu unutmayalım:

Bunlar Kur'an âyetleridir. Biz âyete iman ediyoruz. Allah o Allah'tır.

Bu anlatılanlar da bize örnek olsun diye Kur'an'dadır.

Bu Ümmetin Kızına

Allah hizmetlerinizi daim kılsın ve size kolaylıklar versin. Bu hizmetlerinizden rahatsız olup sürekli açığınızı arayan ve bir mü'mine yakışmayacak işler yapanları hayretle izliyor, sizlere de âcizane dualarımı yolluyorum.

Size mesajlar atan yüzlerce insandan sadece biriyim ama bendeki yeriniz çok ayrı. Yaşamak istediğim İslamî hayatı tam özetliyorsunuz. Ve ben de o hayalini kurduğunuz ümmete layık biri olma çabası ve umudu ile yaşıyorum.

Hocam, hayatımın çok önemli iki kararı konusunda hassasiyetleriniz ve tecrübeleriniz istikametinde fikir almak için yazıyorum. Tıp fakültesi öğrencisiyim. Birkaç yıla okulum bitecek kısmetse. Hep İslamiyet'i özüne inerek yaşamak ve onu insanlara sevdirmek hayali ile yaşadım, hamd olsun. Allah Teâlâ'dan beni çok iyi yerlere getirmesini ve bunu O'nun rızası istikametinde kullanmayı istedim. Bir ara okulu bırakıp tamamen kabuğuma mı çekilsem diye çok düşündüm ancak daha sonra bu başarıların bir hikmeti olmalı dedim kendi kendime. Harama bulaşmadan okulumu bitirmekle meşgulüm şu an, ilk sorum bununla ilgili. Uzmanlık seçeceğim bölüm beni çok düşündürüyor. Erkek hasta tedavi etmek istemiyorum. Kadın doğum ve çocuk doktorluğu seçenekleri kalıyor. Kadın doğumda nöbetler çok fazla olduğu için gece evde olmayacağım vakitlerin fazlalığı beni düşündürüyor. Çocuk doktorluğunda da çocuğunu getiren bir baba ile zaruret ve ciddiyet dairesinde konuşma zorluğu olacak. Biraz çıkmazdayım hocam. Buralara ne emeklerle geldim. Para ve şöhretten öte güzel niyetler taşıdım. Son yıllarda hassasiyetlerimin artması hasebiyle oldukça zor olan bu meslekte caiz olmayacak işler yapıp kendimle çelişmekten, emeklerimi zayi etmekten çok korkuyorum. Bu konuda fikriniz nedir?

İkinci sorum da her mü'min kızın hayalini kurarak yaşadığı evlilik hayatı üzerine; içimde her zaman, hafız, hoca olan biriyle evlenme isteği vardı. Hâlâ da devam etmekte. Doktor olmama rağmen böyle bir isteği çelişki görmezsiniz umarım. Sanırım öyle birinin istediğim hassasiyetleri taşıyacak olduğuna inandığımdan ötürü böyle bir durum var. Bu isteğimin, eğer hayırlı ise, içimde kalmaması için dualar ediyorum. Bu istekler ve dualar devam ederken birkaç ay önce tarikat mensubu, takkeli, şalvar-cübbe giyen ve inşallah hoca olacak bir talibim çıktı. Önceden tanıdığım bir insan kendisi. Aradığım vasıfları taşıyan ve mutlu olabileceğim bir insan diye düşünüyorum. Ancak nasıl düşüncelerde olduğumu, nasıl bir hayat hayali kurduğumu az çok tahmin etmişsinizdir. Tarikatlar konusunda da sizinle aynı düşüncelere sahibim. Hepsine sonsuz saygım var ama benim yolum değil, fıtratıma uymuyor, biliyorum. Ve bu mesele ilerde aramızda problem oluşturabilir diye korkuyorum. Mesele a tarikatı b tarikatı değil, buradaki sorun takdir edersiniz ki 'farklı bakış açıları' sorunu. O yüzden emin olamıyorum ama bir yandan da bir daha böyle hassasiyetler taşıyan, hoca, hafız vs. birileri karşıma çıkmaz diye endişelenmekteyim. Çünkü öyle hassas bir çevrede yaşamıyorum ve böyle insanlar da yok etrafımda.

Sizce nasıl bir yol izlemeliyim; sabır ve inançla beklemeye devam mı etmeli, yoksa dualarda andığım insanın bu kişi olduğuna mı inanmalıyım?

Allah'a emanet olun.

Allah Teâlâ kulluğuna muvaffak kılsın seni kızım.

Emellerin, bir mü'min hanım olarak bulunman gereken fikir dünyasını gösteriyor. Hassaten mutlu oldum okuduğumda.

Ne güzel temennilerin var. Arş'ın gölgesindeki gence aday beklentiler içindesin. Dilerim bu hissiyatın ömrünün sonuna kadar artarak devam eder. Aman dikkat et, şeytan seni böyle beklentiler içinde yoğrulup sonu avuntuya dönüşmüş bir projede süründürmesin. İyi şeyler düşün, iyi işler yapmaya çalış. İyiliğin bedeli olduğunda da o bedeli ödemeye şimdiden hazır ol. Fedakârlık gerektiğinde onu yapamayanın iyi şeyler düşünmesi bir tuzaktır. Hem İslam kadar büyük düşüneceksin hem de bir kör sevgiye her şeyi feda edeceksin, ne açık tezat değil mi?

Senin için aşağıdaki tespitleri yapabilirim. Umarım sana hayır için teşvik, bana dua etmene vesile olur sözlerim. Sözlerimde kapalı kalan husus olursa onu tekrar yazabilirsin, izah etmeye çalışırım.

a- Tıpta bulunmak benim kanaatime göre sıradan bir meslek icra etmek değildir. Kur'an'a direkt hizmet olan mesleklerden sonra en muteber ve ibadet mantıklı olan meslek tababettir. Bu şekilde görmen gerekir. Buna göre de senin branş tercihinde sadece şu anki hislerini değil seni bekleyen ümmetini de hesaba katman lazımdır. Bunun için de kabiliyetini ve evlilik üzerindeki farklılıklarını dikkate alarak karar ver. Bu şu demektir: Mevcut imtihan sistemi ile TUS'ta ortaya çıkan kabiliyetin senin beklentin ve tercihin olmalıdır. Bunu sadece evlilikteki beklentilerinle ters düşeceğini zannettiğin noktalarda bir basamak aşağı indirebilirsin. 'Çok nöbet tutmak' gibi bir gerekçeyi bu ümmetin umudu olan bir genç konuşmamalıdır. Seviyesi düşük, tembelce bir çıkıştır böyle bir çıkış.

b- Hafızla evlenme meselesine gelince, bu hususta açık bir yanılgı içerisindesin. Hafızlık şu dünyada beşerden bir insanın tırmanabileceği en üst seviyelerden biridir ama 'hafızlık' var hafızlık var! Senin içini kıpır kıpır eden hafızı nerede bulacaksın? Sana tavsiyem şudur:

— Evlenmeni, evlilik sana farz hâle geldi mi gelmedi mi ona göre tespit et. Artık evlenmen gerekiyor aksi takdirde harama bulaşacaksın gibi bir durum varsa karşındakini seçme hakkın da daralmış demektir. Böyle değilse yani o derece sıkışmadıysan sabret. Aradığın kalitede birini bulmaya çalış.

— Beklentin hafızlıktan önce insanlık üzerinden olsun. Zaten mü'min bir erkekle evleneceksin sen. Mü'min erkek şart olduğuna göre, o şarttan sonra 'iyi bir insan' her zaman en önde olmalıdır. İyi bir insanın hafız olması ise beklentimize mükemmellik katar.

– Senin bir doktor olarak toplum içinde farklı kimliğin olacak inşallah. Bir nebze de sen kendini doktor olarak farklı göreceksin. Pek çok doktor kardeşimiz üzerinde bu farklılığı öne çıkarmaya yönelik işaretleri görüyoruz. Özellikle bayan doktorlar bu farklılığı fark hâline getiriyorlar. Sana örnek olarak, namaz kılan ve külliyetli miktarda hayırlar yapan bir doktor arkadaşımın, hükümetin doktorlarla ilgili politikasını tenkit ederken, "Hükümet bizi bir öğretmen düzeyine indiriyor!"demesini gösterebilirim. Ben o kardeşimize uzun uzun, bu cümlenin nasıl bir kibir koktuğunu izah ettim. Çok üzüldü.

Burada sana izah etmek istediğim şeyi belki sen, şimdi henüz önlük giymediğin için idrak edemiyor olabilirsin. Dilerim de bu tespit senin için asla geçerli olmasın. Öyle veya böyle, bugün sen doktor kimliğinle oluşacak 'tek adam/sözü tek söz olan kişi' rolüne karşı tedbirli olmazsan yarın eşin olacak kişi seni, o görünmek istediğin kalıbında görmezse/göremezse evliliği bir cihat olarak değil eziyet olarak yaşarsın.

Özellikle bu ayrıntıya dikkat etmeni tavsiye ederim.

Kiminle evleneceğin konusunda sen'tarikatçı' sıfatı getirdin. Ben ise sana daha derin bir ufuk üzerinden bakmayı tavsiye ettim. Bu arada senin getirdiğin örnek kişinin de nerede kaldığını umarım anlamışsındır.

Seni Allah'a emanet ederim. Ümmetimin çiçeği olarak açtığın günleri Rabbimin bana göstermesini dilerim. Dualar ederim kızım.

Büyüklük Zamanı

İnsan üzerinden verilebilecek en güzel örnek olarak ashab-ı kiramın en büyüğü, ümmetimizin en değerlisi Ebu Bekir radıyallahu anhı görebiliriz. Büyük başladı, büyük bitirdi. Hep büyük kaldı. Allah ondan razı olsun. Yirmi beş yıl Müslüman olarak yaşadı bu dünyada. Yirmi beş yılını da büyük olarak yaşadı.

Sadece o değil şüphesiz, onun gibi pek çok büyük olan var gözümüze sürmelediğimiz isimlerden. Büyük işler yaptılar, büyük sonuçlar elde ettiler. En büyük kazanç olan Allah'ın rızasını elde ettiler. Büyüklük onlara uydu, onlar büyüklüğe uydular. Ne mutlu onlara, ne mutlu onların izini sürmeye gayret edenlere.

Ebu Bekir radıyallahu anhı örnek almaya devam edebiliriz; büyüklüğün ve büyüklük gayretinin adamı olarak onu aşmak mümkün değil. Kimsenin olmadığı zamanda o 'ben varım' dedi. Bu bir büyüklüktü. Mal gerektiğinde malını çıkardı, çıkardığına sınır koymadı. Bu da bir büyüklüktü. Dert paylaşmak için adam aranırken o dert paylaştı, tam bir büyüklük yaptı. Yol arkadaşı gerektiğinde yola koyuldu. Yol mağaraya dayanınca mağaraya girdi. İzlendi, mızrakları gözünün önüne uzattılar ama o geri adım atmadı, yılmadı, yorulmadı. Mağarada da büyüklük onunla beraberdi. Kur'an ayetlerinin önünde eriyecek kalpler aranırken de o büyüktü. Allah ondan razı olsun; büyük başladı, büyük yaşadı ve büyüklerin en büyüğü olarak bitirdi hayatını. Peygamber aleyhisselamdan sonra büyük ümmetin en büyüğü oldu.

Büyük bir hayatın içinden hangi kesit alınırsa alınsın alınan parça büyüktür hep. Tıpkı birkaç damla kanın insan bedenindeki bütünü gösterdiği gibi gösterir onu. İbadet ederken, bir mü'min kardeşi ile ilgilenirken, ailesine bakarken, elinde kılıç cihad ederken, dünya nimetlerine karşı zühdü ile öne çıkarken hep o büyüklük onunla idi. Büyük başlamak, büyük yaşamak ve büyük ölmek üzerine oturmuş bir insan olarak anılacaktır Allah'ın izni ile.

Büyüklüklerinin arasından hangisi daha büyüktü tarzında bir sorunun cevabını ancak Allah Teâlâ bilebilir. Birimiz onun mağaradaki büyüklüğünü en büyük tavrı görebiliriz. Bir başka mü'min de ilk iman eden erkek olma özelliğini en büyük yönü olarak görebilir. Veya mal infakındaki aşılamaz cömertliği dikkat çekebilir. Bunların hepsi bizim kanaatlerimiz olmaktan öteye geçemez. Hükmü verecek olan Allah'tır. Biz tahmin ederiz, kanaat kullanırız. Allah ondan razı olsun. Onun büyüklüğü olarak önümüzde duran büyük işlerini, onun zatında kalanlar ve etki olarak bize uzananlar diye iki gruba ayırabiliriz. Her ne kadar her işi bir yolla bize etkisi açısından uzandı ise de mesela ilk iman eden mü'min olması daha çok onun zatında kalır. Mağaradaki arkadaşlığı, orada Peygamber aleyhisselamı koruması açısından bize de etki eden yönü ile görülebilse de yine onunla alakalı gibi durmaktadır.

Ebu Bekir radıyallahu anhın büyüklükleri arasında bir büyük işi vardır ki, onun o büyüklüğü zahiri sebepler açısından İslam'ı bugünlere taşıdı Allah'ın inayetiyle. Belki de büyüklük için en uygun zamanıydı onun. O da büyük işleri ile büyüdü ve büyüklüğü zirveye taşıdı. Hepimizin çok iyi bildiği gün, Resûlullah sallallahu aleyhi ve sellemın Rabbine kavuştuğu gün. Nurlu Medine karanlıklara gömülmüştü adeta. Hüzün basmıştı herkesi. O büyük adamlarda biri olan Ömer bile yığılmış kalmıştı sanki. Allah onlardan razı olsun. Peygamberlerinin ölmüş olmasını bir yere sığdıramıyorlardı. Gökle yerin arasına sıkışmış kalmış gibi oldular. Birkaç dakikalık da olsa bir kaos ortamı oldu Medine'de. Büyük bir iş için en uygun zamandı. Yine Ebu Bekir, Allah ondan razı olsun, büyük başlayıp büyük yaşayan adam olarak bir büyüklük daha gösterdi. Her biri Kur'an neslinden olan ama o anda ağır kaybın etkisiyle hüzne boğulmuş ashab-ı kiramın ortasında büyük bir söz etti: 'Kim Muhammed'e tapınıyordu ise bilsin ki Muhammet öldü. Allah ise Hayy ve Kayyûm'dur' dedi. O anda gereken büyüklük bu cümleyi Medine'de yükseltmekti. O da onu yaptı. Hepsinin bildiği ve iman ettiği bu gerçeği hatırlattı. Akıllar başa geldi. İslam'ın beşiğine şeytanın fitne sokma ihtimali gitti. Bu büyüklüktü. Ve onunla beraber ümmetini de büyüten bir büyüklüktü. En zor zamanda en zor cümleyi kullandı. Taşları yerine oturttu.

Sonra Peygamber aleyhisselamın bulunduğu liderlik makamının boş kalmaması için yaptığı çalışma bir başka büyüklüktü. Peygamber aleyhisselamın mübarek cenazesi ile ümmetin liderini seçmesi arasında tercih yapmak gerekince yine bir büyüklük daha yaptı, ümmete lider seçmeyi öne çıkardı. Böylece bugün bir arada bir ümmet olmamızın önündeki en ağır barajlardan birini kaldırdı o gün.

Ardından Allah'ın Şeriat'ına karşı baş kaldırmalara gösterdiği tepkisi, onun meşhur sözü 'beni Medine'de kurtlar parçalasa da' diye başlayan sebat ve istikrarı bugün meyvesini yediğimiz İslam nimetinin zahir alemdeki sebeplerindendir. Allah onu o büyüklük için seçti. O da o büyüklüğü yerine oturttu. Allah ondan razı olsun.

Bugün de bütün müminler için nice büyüklük zamanları ve mekânları gelip geçmektedir. Kıyamete kadar bütün zamanlar, büyüklerini arayan olaylarla dolu olacaktır. İmanımızın gereği olan ve önümüzde muhteşem örnekleri bulunan bu büyük olma ve büyük kalma zamanlarını değerlendirebildiğimiz kadar büyük olacağız ya da bücür kalacağız. Bütün dünyanın kıblemizin tersinde bize hücum ettiği bu zaman büyük yaşama ve büyük kalma zamanıdır. Allah seneden razı olsun ey Ebu Bekir, ne muhteşem büyüktün, ne muhteşem büyüklükler yaptın. Bize de ışık oldun, örnek oldun.

Bu Ümmetin Kızına

Muhterem hocam,

Allah sizden razı olsun ve hizmetlerinizi kabul etsin.

Ben 23 yaşında, bekâr bir genç kızım. Ailem ve etrafımdakiler sürekli evlilik yaşımın geldiğini söylüyorlar. Ama daha nasibim çıkmadı karşıma. Haram ilişkilere girip evlilik yapmaya hep karşı oldum, elhamdülillah. Ama özellikle annemin, "hiç mi karşına biri çıkmıyor, okulun da bitti, okulda da mı birini bulamadın, bak yaşıtların evleniyor, evde kaldın sen" demesi beni çok üzüyor ama hiç belli etmiyorum. Ben etrafımdaki insanlara potansiyel eş olarak bakmıyorum ki. Açık açık beni haram ilişkiye teşvik ediyor.

Oysa benim istediğim, Rabbimin rızasına uygun olarak salih bir müminle evlenmek. Ayrıca maddiyata değil maneviyata bakmam da ailem için problem. Benbeş vakit namazını kılan birini istiyorum ama annem, "herkes kendine kılıyor, kılmazsa onun günahı" diyor. Annem, babam, abilerim namaz kılmıyorlar. Ben 7 yıl önce internetten namazın önemini ve faziletini okuyarak, kendimi sorgulayarak başladım namaza. Ailem namaz kılmasa da eşimin namaz kılan biri olmasını o kadar çok istiyorum ki... Sonuçta ailemi seçemiyorum ama eşim olacak insanı ben seçiyorum.

Bu durum bazen beni karamsarlığa sokuyor. Sonra kendi kendime 'ne yapıyorsun sen, Allah ol derse olur' *diyorum. O'nun için zorluk mu var ki, hepsi birer imtihan.*

Annemin bu tavrına karşı nasıl davranmalıyım, ne düşünmeliyim?

Kızım,

Bir zamanlar Firavun denen zalim vardı. O da karısını en büyük harama zorluyordu. Karısı ise Allah'ı her şeyin üstünde tuttu. Firavun'un dediğini yapmadı. Öldü, parça parça edildi yine yapmadı. Neticede o kadın, bütün mü'minlerin annesi, cennetin en gözdesi olarak Rabbine gitti. Firavun cehennem kütüğü, o da cennet kuşu oldu. İkisi de ebediyet sahibi oldular. Biri cehennemde ebediyet kazandı, diğeri cennette.

Kızım, gayet esef verici bir hâle zorlanıyorsun. Hem de annen tarafından. Becerebilirsen sen de kazanırsın; ebediyetleri kazanman mümkündür. Sabret ve kazan.

Sana kısaca şu tavsiyeleri zikredebilirim:

a- Evlenmeyi sen de ciddiye al, vakti gelince evlenmeye hazırlıklı ol. Çok güzel ve akıllıca düşünmüşsün. Sokağa çıkıp aday arayacak değilsin elbette. Rabbinin yazdığı nasibin seni er veya geç bulacaktır. Buna iman et, hiç şüphen olmasın. Ne kendini sal ne de içine kapan. Helal sınırları içinde dengeli bir siyasetin olsun.

b- Annen ve babana her şeye rağmen nazik davran. Asla taviz verme. Onların sözüne aldırma ama nezaketini de bozma. Neticede onlar senin asıllarındır. Bir gün onlar da söylediklerine pişman olacaklardır. Kaba konuşma, hakaret etme. Nezaketle dik dur, dimdik dur.

c- Vaktini dolu dolu geçirmeye bak, boş denebilecek işlerle vakit öldürme. Oku, yaz, araştır ama boş kalma. Büyük ideallerin insanı olmaya bak. İbadetlerini aksatma. Kur'an oku. Dua et.

d- Kızım, o kadının adı Âsiye idi. Binlerce sene oldu o bu dünyadan gideli. Şimdi de Rabbin seni Âsiye yapmak istedi ise sakın bu fırsatı kaçırmayasın. Gayret et, sen de Âsiye ol. Binlerce sene yaşa. Cennet kuşu ol, Rabbini bul. Sakın umutsuz kalma. Sakın korkma. Sakın incinme. Sakın ağlama. Ne olacak yüz yıl bekâr kalsan, ne olacak? Allah'ın razı olmadığı bir hayat olduktan sonra evli olsan ne olur bekâr olsan ne? Büyük düşün kızım, çok büyük düşün. Sakın kendini yalnız zannetmeyesin, melekler seninledir. Seni onlar da heyecanla izlemektedir. Sakın onları incitmeyesin.

Sana dualar ederim kızım. Rabbim seni korusun ve yüceltsin. Sen de bana dua et.

Kızlarımız Güzeldir Güzel Kalmalıdır

Müslüman kız, Allah'ın yarattığı güzelliğini yok kabul etme hakkına sahip değildir. Nasıl yarattıysa Allah, o tarz korunmalıdır. Bu koruma müdahale edip bozmama olacağı gibi alıcılığını sağlayacak bakım olarak da anlaşılmalıdır. Rabbimiz kadınları 'onlarla sükûnet bulalım' diye yarattığını erkeklere söylemektedir. Buna dayalı olarak da kadını iş yerlerinde yıpranırken değil de evlerinde huzur içinde yaşarken görmeyi dinimizin emri olarak anlıyoruz. İnşaatlarda, iş yerlerinde erkekler yorulsun, yorulan olacaksa. Kadınlarımız yıpratıcı işlere mecbur kalmasınlar.

Bu ümmetin kızı iki türlü güzeldir. Güzelliklerden biri Allah'ın onu yarattığı kadına ait güzelliğidir. Diğeri de bu ümmetten olmanın getirdiği güzelliktir. Ateşten kurtaran ve cennete sebep olan kimliği ile güzeldir kızlarımız.

Kızlarımızın güzelliğinin korunması onların görevlerinden biridir. Allah yolunda olmak yıpranmış olmayı gerektirmiyor. Gerektiğinde Allah yolunda can da verilir cânân da. Hayatı yaşarken de Allah'ın nimetlerinden biri olarak güzellik gereksiz yere heba edilmeyecektir. Mü'min kız olma kalitesi ve farkı budur, böyledir.

Bu ümmetin kızlarının güzellikle alakalı bilmesi gereken acil nitelikli kuralları şöyle sıralayabiliriz:

1- Mü'min kızın bedeni ve elbisesi ilgi alanında olur. Odasından kullandığı telefonuna varıncaya kadar 'mü'min kız' inceliği ve narinliği gösterir. İsrafa ve daha elzem olanları ihmale götürmedikçe bu onun hakkıdır. Mü'min kız aynanın karşısına geçer, aynayı kullanır ama aynadakine tapınmaz.

2- Mü'min kız asla kendini başka bir kızla kıyas etmez. Yaratan Allah'tır. Dilediği gibi yaratmıştır o. Güzellik nisbî bir kavramdır. Birine göre mesela yüz şu şekilde olduğunda güzeldir diğerine göre onun tam aksi olduğunda güzeldir. Neredeyse insan sayısı kadar güzellik anlayışından söz edilebilir. Herkes kendi yaratılış tarzına razı olmalıdır. Bu rızayı yakalayamayanların sonunda düşecekleri psikolojik eziklik çukuru onları helak eder. Madem Allah yarattı, o en iyisini yaptı diyebilmek imanın ve teslimiyetin tabiî sonucu olmalıdır.

Genç kızların birbirlerinin kıyafetlerine özenmeleri bir noktaya kadar fıtrîdir, ayıplanmamalıdır. Bu özenme, düşük kalma ve içine kapanmaya götürürse bir hastalık olarak anlaşılır. Gençlik yıllarında insanların birbirlerinin eşyası üzerinde gözleri olur ama bu hayat tarzı hâline gelmez mü'minlerde. Erkek veya kız açısından durum böyledir. İlim ve hayat basamaklarında yükselme sağlandıkça bu özenti azalır. Bir noktadan sonra da kaybolur.

3- Süslenme ve güzelliği sürdürmede asıl olan mubah olmasıdır. Asıl olanın mubah olması şu demektir: Dinimiz bunu prensip olarak yasaklamamıştır. Süslenme ve güzel kalma çalışması helaldir. Yapılabilecek aşırılıklar, israf, kullanılması caiz olmayan mamullerin kullanılması, ziynet teşhirine neden olma gibi sebeplerle bir yasak söz konusu olur. Altın, gümüş, mücevher kullanma, parfüm ve benzeri krem türü nesnelerin kullanılması bu kural dâhilindedir; aslı helaldir. Sonradan haram duruma getirecek çizgi aşımı olabilir.

4- Allah'ın yarattığı tarzı değiştirerek güzelleşmeye çalışmak haramdır. Mesela daha güzel görünsün maksadı ile göğüslerin ameliyatla büyütülmesi veya küçültülmesi böyle bir yasaklığa girer. Burun ameliyatını, daha güzel görünmek için yapmak da bunun gibidir. Dişlere seyreltme yaptırmak buna dâhildir. Aynı ameliyatlar mesela memelerin büyüklüğü, uyumayı engelleyecek ya da kambur çıkmasına neden olacak diye yapıldığında caiz olur. Nefes almayı, görmeyi engellediği için burun estetiği yaptırılabilir. Mü'min kızlar, bu tür cerrahî müdahaleler yaptıracaklarında doktor raporu ile beraber durumu muhakkak bir müftüden sormalıdırlar.

5- Bayanların güzellik veya bakım malzemesi olarak kullandıkları eşyanın bekâr iken babalarının, evli iken de eşlerinin bütçesinden olması haklarıdır. İsraf olmadığı sürece aile içi doğal masraflardan sayılır bunlar.

6- Kullanılan krem, boya veya benzeri mamullerin helal malzemeden üretilmesi şarttır. Mesela domuz yağı ile yapılmış bir kremi kullanamaz mü'min kız. Zira bu tür malzeme tıbben gerekli bir ilaç niteliğinde olmadığı için zaruret kapsamında kullanılmasına ruhsat verilemez.

7- Gusül ve abdest açısından engel oluşturabilecek, bedende suyun deriye ulaşmasına mâni olacak malzeme de abdeste veya gusle mâni olacağı durumlarda kullanılamaz. Tırnak ve dudak boyalarının bu açıdan sıkıntılı olduğu bilinmelidir.

8- Mü'min kızın kullandığı ziynet ve bakım eşyasının küfür milleti açısından sembolik niteliği olmamalıdır. Mesela belli bir toka çeşidi, filan dindekilerin bir özelliğini yansıtmak için üretilmiş ise mü'min kız onu kullanamaz. Biz bir ümmetiz, kızlarımızın tokası bile başkalarına ait olamaz.

9- Mü'min kız bedenini örttüğü gibi ziyneti olan şeyi de örtmelidir. Açık olmasına ruhsat verilen sadece eller ise mesela eldeki yüzük ziynet olsa bile onun gizlenmesi gerekmez, bulunduğu yer açık tutulması caiz olan bir yerdir. Bilekteki bilezik ise böyle değildir; bilek avret kabul edilen bir noktadır.

10- Kaşlara müdahale 'daha güzel görünmek' maksadı ile olduğunda caiz değildir. Görmeyi engelleme veya iki kaşın birleşmiş gibi durması ve benzeri olağandışılıkların düzeltilmesi ise caizdir. Kaşlar dışında yüzdeki ve bedenin diğer yerlerindeki fazla tüyler her türlü alınabilir.

11- Saç bakımı yapılabilir, yapılmalıdır da. Kadının saçlarını örmesi veya başka bir şekilde bakması dinen serbesttir. Saçına, gusle mâni olmayacak şekilde boyama da yapabilir.

12- Kullanılan krem veya diğer bakım malzemelerinin tıbben sakıncalı olmaması gerekir. Acil veya uzun vadede yan etkisi sabit olan malzemeler kullanılamaz. Meyve ve benzeri gıdaların güzellik malzemesi olarak kullanılması gerçekçi bir kullanım ise sakıncalı değildir.

13- Kadının koku/parfüm kullanması Medine zamanından beri uyarılmış konulardandır. Kadının kullandığı parfüm erkeğe karşı dikkat çekicilik taşıdığında caiz olmayan bir parfüm olur.

14- Bedene dövme yaptırılması haramdır. Hiçbir şekilde hiçbir kalıcı dövme yaptırılamaz.

15- Canlı resmi bulunan giyecekler iç kıyafetlerde bile olsa giyilmemelidir.

Bu Ümmetin Kızına

Saygıdeğer hocam,

Rabbim çalışmalarınızı bereketli kılsın. Vaktinizi almamak adına çok uzatmamaya çalışacağım. 21 Mayıs Perşembe günü Isparta Hayırlar Kız Kur'an Kursu'na geldiğinizde size evli olduğumu, İstanbul'a gelemediğimi, etrafımda dindar insanlar bulunmadığını, ilmimi artırmak istediğimi ve ne tavsiye ettiğinizi sormuştum. Siz de bana e-posta adresimin olup olmadığını sorduktan sonra kartınızı vermiştiniz.

Ben şimdi sizden yardım istiyorum. Nasihatlerinize yol göstermesi açısından kendimden bahsedeyim. 28 yaşındayım, yaklaşık iki yıllık evliyim, İngilizce öğretmeniyim. Dinimi sonradan öğrenmeye çalışıyorum ama uygulamalarda hem kendim hem de çevrem yüzünden zorluklar yaşayabiliyorum. Tesettüre girmem, üniversite okumam, okuduktan sonra çalışıp çalışmama araştırmaları yapmam, görücü telaşeleri, o arada bir fetva bulup işe başlamam…Bu saydığım süreçte sizi tanımıyordum. Sonra, Diyarbakır'ın Ergani ilçesine atanıp da babamla oraya gittiğimizde bir sabah kahvaltıda sizin sohbetinizle karşılaşmış ve bir cümlenizde geçen şu ifadenizle irkilmiştim: "Bir A4 kâğıdına tesettürünü feda etmeyenler!"

O günden sonra abartı olmazsa ilmî çalışmalarıma hep siz önayak oldunuz. Sonralarında sizinle; ailemle yaşadığım evlilik öncesi sürecindeki zorluklarımda, iş hayatımla ilgili iniş çıkışlarımda ve şu anki evliliğime doğru adım atarken FetvaMeclisi sitesinden yazışmalarımız oldu.

Allah'ıma çok şükür, evliliğim ve eşim çok güzel. Allah'ım nasip ederse (siz de dua edin inşallah hocam) hayırlısıyla çocuk da istiyoruz ama O'nun (celle celâlühü) vereceği kararı bekliyoruz.

Hocam, benim danışmak istediğim şu: Elimden geldiğince kendime çeteleler uyguluyorum, sohbetlerinizi dinliyorum, Hadislerle Diriliş derslerinizi not tutarak izliyorum ama daha 17. dersteyim. Son üç kitabınız hariç yanılmıyorsam hepsini okudum. Tavsiyeleriniz üzerine Riyazüssalihin aldım ve üçüncü cildi bitirmek üzereyim ama sanırım verimli olmuyor. Tekrar tekrar okuma ihtiyacı hissediyorum. Bu arada içime bazı uygulamalar sinmese de sırf Müslüman insanlarla kanlı canlı görüşebilmek adına ...dergisinin haftalık sohbetlerine katılıyorum. Evde bir odayı da kendime çalışma yeri yaptım, Allah eşimden razı olsun.

Ben şimdi ilmî olarak nasıl daha fazla ilerleyebilirim hocam? SosyalDoku sitesinden bayanlara dair çalışmalarınıza içim gidiyor ama katılamıyorum. Bu imkânlarla bana katkıda bulunun lütfen hocam. Ahiretteki makamımdan çok korkuyorum, orada geri dönüş yok. Kısa zamanda ve yanımda ilim sahibi insanlar olmadan (bunu kesinlikle yanımdakileri kötülemek için demiyorum) ilmimi nasıl artırabilirim?

Rabbinin rahmetine sarılmak isteyen bacım, merhaba sana ve seni kuşatan hissiyatına.

Ne mutlu sana. Bulutlardan dünya toprağına bakan

gözlerin, ötelerden sesler duyan kulakların, ilme ve amele uzanan kalbin ile aradığını bulacağını bilmelisin.

Özellikle şu tavsiyelerime dikkat ederseniz size faydalı nasihatlerde bulunmuş olacağımı umarım:

1- Her şeyden önce Allah'a güven. Eğer Allah'a güveni yakalayabilirsen, aradığını buldun demektir. Ne geçmişindeki eksiklikler ne de şu anki kıt imkânlar seni endişelendirmesin sakın. Allah'a güven. Zira o taştan su çıkarır, ölüden diriyi, diriden de ölüyü vücuda getirir. Ona güvenen hiç kimse yalnız ve çaresiz değildir. O öyle Rahîm, öyle Latîf bir Allah'tır ki, bizi bizden iyi bilir, bize bizden daha fazla merhamet eder. Ona güven. Yunus gibi, İbrahim gibi güven. Sen güvenirsen O da seni okyanusların dibinde, ateşin ortasında yalnız bırakmaz. Asla bırakmaz, asla!

Yeterki bu güvenme, sözle söylenmiş ama tavırlarla desteklenmemiş olmasın. Ona güven; güvendiğin için de:

– Asla Rabbimizle zaman yarışına girme. Akışın O'nun murad ettiği zaman ile yürümesini kabul et. O ne zaman dilerse o zaman oluşacak aradığın ilim, bunu bil. Senin duvarındaki saate bakma, onun işlettiği zamana uy. Sabırlı ol. On yıl, elli yıl sabırlı ol. Bir asır sabırlı ol. Sabır kelimesi sözlükten silinse bile senden silinmesin asla! Sen bu arada her gün bir hazine alıyorsun gibi heyecanlı tut kendini. Gelişmeni öğrendiklerinle ölçme. Ölçümün, Rabbinden beklentin olan "O'nun için ilim öğrenme" yolu üzerinde olsun. Bu da ibadet kalitesinde iş yapman demektir. Namaz kılarken rekât sayıp kendine puan yazmadığın, aksine namazı huşu içinde kılmaya çalıştığın gibi yap bu işi de. Öğrenme yolunda ol. Öğrendiğinle amel etmeye çalış. Riyadan ve gösterişten kaçın. Bilhassa hanımların meraklı olduğu 'şunu yaptım, şuna erdim' edebiyatından uzak dur.

– Allah'a güveniyor olmak, Allah'ın razı olmayacağı işlerden uzak kalmaktır. Ona güvenen, onun razı olmayacağı işi yapmaz. Başta haramlar olmak üzere Şeriat'ımızın nehyettiği şeyleri kendinden uzak tut. O işleri yapanlardan da uzak kal. Bu tavrın senin güvendeki samimiyetini gösterecektir.

– Güvenin devamı için dua ediyor olman gerekir. Sabah akşam dua et. Yürürken, yemek pişirirken, spor yaparken dua etmelisin. Dua, senin hızın ve heyecanındır. Arapça dua et, Türkçe dua et, Latince dua et. Dilinle dua et, kalbinle dua et, ellerinle dua et. Kalemin dua etsin. Defterin dua etsin. Kitaplığındaki kitaplar dua etsin.

Şöyle de diyebiliriz: Duan kadarsın, duan.

İlmi ibadet olarak gör. İbadetten namaz kılarken ne anlıyorsan ilim tahsil ederken de onu anlamalısın. Herkes gibi değil talebe gibi bak ilme. Bu, şu demektir: Eğer bir gün namaz kıldığında 'namaz' ibadeti senin için yeterli oluyorsa, okuduğun bir kitap veya dinlediğin bir ders de yeterlidir diyebiliriz. Hayır, her gün aynı namazı kıldığın hâlde ertesi gün hiç kılmamış gibi namaza sarılıyorsan ilmi de öyle yapacaksın. Bıkmayacaksın, usanmayacaksın. Tekrardan lezzet alacaksın.

2- İlim nazlıdır. Çok alır az verir ilim. İlim ana sütü gibidir, verdiği ilik olur, kemik olur, et olur, nefes olur. Bebek, annesinden süt emerken o sütün ne olduğu anlaşılmayabilir, hatta dışkı olduğu da zannedilebilir ama yıllar sonra yürüyen ayaklardaki kaslar o süttür. İlim de böyledir. Okursun, dinlersin boşa gitti zannedersin ama bir gün derin bir tefekkürün içindeyken yıllar öncesinin okumaları senin gücün, nefesin olur biiznillah. Okumaya ve dinlemeye böyle bakmalısın.

3- Bütün branşlar, kitaplar, yazılar Kur'an'ımıza açıldığı kadar değerlidir. Kur'an okumayı sakın ihmal etme. Yer yarılsa ve kıyamet gelse sen o günkü okumandan yine de vazgeçme. Bir sayfa veya beş satır ama her gün periyodik okuman olsun. Özel günlerin hariç bunu hiç ihmal etme. Kur'an ile bu bağı kuramazsan büyürsün ama yetim çocuk gibi büyürsün, yetimliğin seni hep ezer.

4- Daldan dala sıçrayan serçe gibi okuma yapma. Bir minarenin şerefesine yuva kuran leylek gibi oku. Hazmetmeye çalış öncelikle. Kitap veya ders okumak süt emmek gibidir dedik. Zaman zaman miden bulansa da yılmayacaksın. İstikrarlı olmak gerekir. Belli bir okumadan sonra eskileri yeniden okuyabilirsin. Tuttuğun notları inceler, eksik kalanları ikmal edersin.

5- Senin şifan sormandadır. Yerinmeden sormayı becereceksin. Muhakkak sor ama. Basit deme, ayıplarlar deme. Sor, verilen cevapları not et. Sorduğun sorulardan oluşmuş bir defterin bulunsun. O defter senin için matematik kitabı gibi olsun.

6- İlim yolculuğu insanlığın en engin denizlerinden biridir, ne ucu bilinir ne dibi. Kimse ilimden sonsuza kadar yararlanamamıştır. Herkes bilir, bilenin üstünde bir bilen daha olur muhakkak. Bu nedenle de bizden öncekilerden yararlanmak zorunda bilmeliyiz kendimizi. Buna 'iyi bir danışman şart' yasası dememiz gerekiyor. O danışman sizin refikiniz olur adeta.

– Size grubu, dergisi veya benzeri özel bir çıkarı için değil ümmetine insan kazandırmak için ilgi gösteren,

– Bilgisi ve tecrübesi sizi birkaç kere katlayan,

– Sizden ücret talep etmeyen,

– Sözleri ile tavırları arasında çelişki olmayan,

– Aile içi ilişkiniz açısından sakıncalı olmayacak birini bulmalısınız. Danışmanınız bu kişi olmalıdır.

7- Siz mü'mine bir hanımsınız. Evlisiniz. İnşaallah yavrularınız olacak. Bütün bunlar, sizi ilimle ilişkinizi bir denge üzerinde tutmaya mecbur eder. Bekâr olsaydınız çok kolaydı. Evli bir bayanın eşini, yavrusunu ihmal ederek ilim yolcusu olması eksikliktir, arızadır. Eşinizle muhakkak ve muhakkak karşılıklı rıza üzerine iş yapın. Sizin ilim yolculuğunuzu şeytan eşinize, onun aleyhine bir gelişme gibi lanse etmesin. Buna sebep olacak söz ve davranışlar içinde olmayın. Öncelikli görevleriniz ile önemli işiniz arasında tercihiniz, duygusallıkla belirlenmemelidir.

Kadınlığınız ve anneliğiniz sizin için önceliklidir. İyi bir eş olmaya mecbur bilin kendinizi. İyi bir eş olun, artanından ilim talebesi olun. Unutmayın, bu maddedeki bilgiler sizin başarınızın özüdür.

8- İlk etapta dinleyerek öğrenme sizin için daha verimlidir. Okumayı bir süre erteleyebilirsiniz. Mesela Hadislerle Diriliş dersleri iyi bir başlangıç olur. O derslerin her birini dinlemelisiniz. Bir dersi de bir günde ya da üç saatte ancak dinleyebilirsiniz. Notlar tutun, notlarınızı mütalaa edin.

9- İyi bir çevre bulamıyorsunuz diye insanlardan kaçmanız gerekmez. Farklı gruplara gidebilirsiniz. Derslerine katılabilirsiniz. Sohbetler yapabilirsiniz. Kimden ne kadar istifade ederseniz onunla ilişkinizi ona göre geliştirin. Beş dakikalık ziyaretler yapın, gidip gün öldürmeyin. Yalnızlık sizi bir zaman sonra ürkütebilir, dikkatli olun.

10- Sakın, ilim adına yaptığınız şeyler sizi namaz başta olmak üzere ibadetlerden alıkoymasın. Öyle bir hata ederseniz delik kovayı doldurmak gibi abes bir iş yapmış olursunuz. En büyük görev farzlardır!

Hanım kızım,

Tesettürün de önemli bir görevindir. İlim bahanesi gevşeklik nedeni olmamalıdır.

Bir başka ince ayar da şudur: İlim maksadı ile de olsa erkek/kadın ilişkilerindeki mahremiyet ölçülerinden taviz verme sakın. Allah'ın gazabını çektikten sonra allâme olsan ne elde edeceksin?

Güzel bir kütüphane kurmaya çalış. Eşini de ikna ederek, onun da rızası ile evinizde mobilyaları azaltıp kitaplığı büyütmeye çalışın. Kalınlığına ve rengine ya da reklamına göre değil size katkısına göre kitap alın. Riyazussalihîn size şu anda ağır gelebilir, endişelenmeyin. Bir zaman sonra açan bir gül bahçesidir o. Henüz sizin ortamınız soğuk olduğu için açmamıştır. Açtığında sizi ihya edecektir, meraklanmayın.

Bunları temel ölçülerimizin ilk cümleleri gibi alabilirsiniz.

Bu ağabeyinize, kardeşinize de dua edin lütfen.

Mü'mine Kıza Soru: Okuyor musun?

Okuyan mü'min olmak bu ümmetin asil kimliğinde vardır. Sakın okumayı ilave bir iş olarak görmeyesin. Okulda okuduklarını ders olarak adlandır, onları okumaktan sayma. Oku. Kitap oku. Yazı oku. Okuduğun kadar yüceleceksin, olgunlaşacaksın biiznillah. Oku mü'mine kız, oku. Bu ümmetin kızına ilk emir okumaktır. Hayatının okumaya ayrılmış zamanı kesin olsun.

Seni annen veya baban eş adayına tanıtırken ya da senin adına aracı olurken bir tanıdığın, kitaplarını ve okuma heyecanını anlatmak zorunda kalsın. Ve şunu hayal ediyoruz bilesin: Bir kadın doğum için hastaneye giderken beraberinde, sancısı esnasındaki beklemede okuyacağı kitapları alıyor.

Allahuekber. Allahuekber. Allahuekber.

Göster bize o günü kızım. Göster de insanlık okuma görsün. Peygamberimize ilk inen emri kıyamete kadar kızlarımızın bile nasıl taşıdığını görsün İblis ve adamları.

Peki ne okuyacaksın?

Okumayı iki sınıfa ayır. Birinci sınıf: Okumak değil nefes almak diye saydığın okuman. O Kur'an'ındır. Onu oku demiyorum sana. Okumak bir noktadan sonra ihtiyaç duyulmayacak bilgiyi almaktır. Kur'an'ımız ise okundukça okunması hırsa dönüşen kitabımızdır. Onu oku demem sana. Kur'anlı ol derim. Bundan da ne dediğimi anlarsın.

Şimdi okunacak kitapları ve okuma yoğunluklarını sıralayabiliriz.

Önce ve öncelikle ilmihâl okuyacaksın. Bir ilmihâl kitabını, o kitaptan üniversite giriş sınavına girecekmişsin gibi okuyacaksın. Altını çiz. Üzerinde sorular oluştur. Başka bir yere notlarını tut. Tekrar oku. Bir-iki yıl geçtikten sonra tekrar oku. İlmihâl çok önemlidir. İlmihal bilgileri senin için farz bilgilerdir. Eksikliği senin için ağır sorumluluklar getirebilir. İlmihal kitabındaki hiçbir konuyu olmasa da olur türünden göremezsin. Bunun için ilk işin ilmihâl okumak olsun. Mümkünse ilmihâli bir hoca denetiminde oku. Hoca imkânın olmuyorsa bir grup arkadaşla oku. Katılımı kalabalık okumaların kalıcılığı daha fazla olur. Büyük bir âlimin ilmihâlini okuyacağım diye diretme. Dili ve anlatımı sana en kolay geleni oku. Diyanet ilmihâli iyi bir giriş olarak yeterli olabilir.

İlmihalden sonra artık serbest okuyabilirsin. Güzel bir siret kitabı oku. Ashab-ı kiramın hayatını anlatan kitaplardan oku.

Okumada zorluk çekiyorsan roman okuyabilirsin. Roman, okumayı ve anlamayı hızlandırabilir. Mü'minlerin yazdığı romanları oku.

Fikir kitapları oku. Yazarı mü'min olan ve ümmeti kendi grubuna, kliğine göre görmeyen mütefekkirlerin kitaplarını oku.

Özel konulu kitaplar oku. Mesela namazı ayrıntılarıyla tarif eden veya Bedir gazvesini anlatan bir kitap oku.

Kitabı eline aldığında seni itiyorsa o kitap güzel de olsa onu biraz ertele ki seni okumaktan soğutmasın. Yazarına göre, yayınevine göre kitap alma. Senin seviyene ve ihtiyacına göre kitap al. Kitaplarda anlamadığını muhakkak sor, sormak ayıp değildir.

Uzmanlık gerektiren konuların senin kitaplığında bulunması gerekmez. Yorganınla ayağın arasında denge kurmalısın.

Okuduğun bir kitabı tekrar okumaktan yerinme. Kitap bir gıdadır, ihtiyaç hissedildikçe alınabilir.

Her okuduğun kitaptan sonra fırına girmiş kek gibi pişip olgunlaşacağını zannetme. Böyle bir anlayış seni okumaktan soğutur. Kitap gıda gibidir; hücre şeklinde girer yerleşin beyine. Sen onu anlayamazsın her zaman. Yıllar geçtikten sonra o kendini pratikte gösterir. Okumayı bir sabır işi bilmelisin.

Seni kültürün ve birikimin açısından bilmeyen birinden alelade kitap tavsiyesi alma. Kitabı ilaç gibi kabul et. Faydalı olsun derken zehirleyebilir seni. Çok dikkat etmek gerekir.

Mü'min olmayanların kitapları, iyi şeyler ihtiva ediyor olsa da bir cümle ile seni imanından veya ahlakından edebilir. Buna da dikkat edeceksin.

Ve tekrar bir cümle sana:

'Okuma'ya Kur'an'ımız dâhil değildir. O bizim nefesimizdir. 'Bugün nefes alayım' denmeyeceği gibi, Kur'an'ımızı da şu önemde oku, şu gün oku diye tanıtamayız. Her gün istikrarlı bir şekilde bir sahife bile olsa az değildir. Oku. Sen bu ümmetin kızısın. O da bu ümmetin kitabıdır. Onu sen doya doya okumayacaksın da kim okuyacak?

Yer yer okumadan bıkma hastalık gibi seni bulabilir. Bunu gribe benzet. Kış veya baharda gelip bulur insanları. Evindeki bir meşgale veya zihnini yoran bir sorun nedeniyle okumaktan soğuyabilirsin ya da okumak yorucu hâle gelebilir. Dinlenmesini bilmezsen okuma zevkini kökten kaybedebilirsin. Bir-iki gün kendine izin ver. Bunun sakıncası yoktur. Veya okuma kitaplarını değiştir.

Göz sağlığı başta olmak üzere, okumanın tıbba uygun yapılmadığı zamanlar ortaya çıkabilecek sağlık sakıncalarına da dikkat edeceksin. İyi bir okuma için gerekli kuralları ansiklopedilerden öğrenebilirsin.

Ve önemli bir kural: Kendin için bir okuma danışmanı bul; mü'min olsun, bilen biri olsun, Allah rızası arayan biri olsun. Sabırlı olsun.

Ve bu ümmetin kızını beklediğimiz adresi bir kenara not et: Doğuma giderken, sonrasında vaktini okumakla geçirmek için yanına kitap aldığı yer ve zaman. Orada bekleniyorsun.

Bu Ümmetin Kızına

Kıymetli hocam,

Sizinle daha önce birkaç vesileyle iletişime geçtim ama ilahî takdirdir ki bu vesileler bir şekilde koptu. En son size ulaşmaya çalıştığımda, muallakta kalmış biriydim. Şimdi ise adı üniversite olan ama özellikle bayanların hayâsını kaybettiği, erkeklerin şereflerini yitirdiği, zinanın ve haramın kol gezdiği bir mekânda ilahiyat okumaya çalışıyorum.

Acı olan bir durumda şudur ki, artık ilahiyat okuyan arkadaşlarımızda da benzer durumlar çok sık yaşanmaya başladı. Koskoca üniversitede toplasanız 100 tesettürlü yok. Aklım almıyor, âhir zamandayız diyoruz ve âhir zaman alametlerini sayıp hükümlerini okurken, birkaç dakika sonra o günahı nasıl yapabiliyoruz. Nasıl bir vicdan taşıyoruz ki sonunun cehenneme gittiğini bile bile o günahları uygulamaya devam edebiliyoruz. Hocam günahın yağmur gibi yağdığı şu dönem ve mekânda kendimi nasıl muhafaza edeceğim? Anlık gafletten nasıl kurtulacağımı bilmiyorum. Çünkü bozuk bir ortamda, maneviyat olmayınca gaflete düşmek çok daha kolay.

Duanıza beni/bizi de alın lütfen. İlahiyatı hakkıyla bitirmeyi, tesettürümüzden taviz vermemeyi ve birçok insana vesile olmayı Rabbim bize nasip etsin. Ne olur hocam, Allah rızası yolunda yürümeye çalışan bizlere dua edin. Rabbim sizden ebeden razı olsun.

Değerli bacım, kıymetli kızım.

Sana 'şöyle yaparsan yarından itibaren hürsün' der gibi bir reçete sunamam. Bunu sen de biliyorsun. Senin ilahiyat fakültesinde bunaldığın şey ne ise ben de nefes aldığım her yerde benzerlerini yaşıyorum. Mü'min olan herkes yaşıyor ve yaşamak zorundadır da.

Seni takdirle karşılıyorum. Dilerim Rabbim seni ve senin gibi kızlarımızı, delikanlılarımızı nuruyla nurlandırır da fitne-fesat ortamından sıyrılıp ümmetimin umudu gençler olarak çıkar gelirsiniz. Allah yardımcınız olsun, kalbiniz huzur ve iman ile dolsun.

Sana ve senin durumunda olan kızlarımıza kesin sonuçlu reçeteler sunamıyorum ama ağabey tavsiyesi sunabilirim. Aşağıdaki nasihatlerimi uygulayabilirsen biiznillah korkularından emin olacağın bir sahile çıkabilirsin:

1- Hayatı her yerde yapılacak bir cihat olarak görmelisiniz. Savaş meydanlarında, evlerde, okullarda hatta camilerde cihat vardır. Şeytan şu dünyada var oldukça ve biz de imanla ölüp Rabbimize kavuşmayı gaye edinmiş olduğumuz sürece cihat vardır. Cihat bizim imanımız, imanımızı ispat davamızdır. Zannederim sizin şu ilahiyat dediğiniz yer bu zamanki cihadın en aktif olması gereken yerlerden biri gibi durmaktadır. Bunu böyle bilin. Kısacası şudur: Hayatı ve imtihanı doğru anlamakla başlamalısınız. Cihat kaçarak değil boğuşarak kazanılır.

2- Haramlardan en hassas ölçülerle sakınacağımız bir yaşam kurmalıyız. Mümkünse sıfır haram ortamı bulacağız. O mümkün olmadığı zaman ise sıfıra en yakın ortamı araştıracağız. Bunun için de hicret dâhil yapmamız gereken ve yapmamız en uygun olan neyse onu yapacağız. Temenni deryasında yüzüp duramayız. Temennilerimizin bedeli olduğunda o bedeli ödemek zorundayız. Hicret etmeniz gereken yer fakülte olduğunu anlarsanız onu da terk edeceksiniz. Sakın şaşmayasın; fakülteyi terk edemedikten sonra büyük büyük sözler etmenin ne anlamı olacak! Hemen terk et demiyorum ama gerektiğinde hazır ol diyorum.

3- Yalnızlık her zaman tehlikelidir. Ders çalışırken de evde gecelerken de yalnızlık, sözünü ettiğimiz tehlikeli olan durumdur. Aynı şekilde olaylara bakan gözün, düşünen aklın yalnız kalması da büyük bir tehlikedir. Bu tehlike yer yer delirmek ya da sapmak veya 'hiç' durumuna gelmekle sonuçlanabilir. Asla yalnız kalma; bir mürşidin, mürşit vazifesi yapabilecek bir ablan, bir büyüğün muhakkak bulunsun. Onu sev, ona güven, itaat et ama asla kendini ona satma. Şu dünyada Peygamber aleyhisselamdan başka hiç kimse önündeyüzde yüz teslim olacağımız kimse değildir. Büyüktür, iyidir ama kayıtsız şartsız değildir her kimse önümüzdeki. Bunu böyle bil, böyle tatbik et.

4- Bulunduğunuz fakülteyi âlim yetiştirme yeri olarak görmeyin. İlim için bulunulması zorunlu bir yer olarak görün. Bu bakış sizi birilerine veya bir mekâna güvenip sonra da gafil avlanmış olmaktan kurtarır. Mecburen bulunduğunuz bir yerde verilenlerden gerekeni alır, gerisini terk edersiniz. Size danışmanlık yapan büyüğünüzün eksik dediği alanları da dışarıdan takviye edersiniz. Böyle yaparsanız kendinizi zarara en az uğramış olarak kurtarırsınız.

5- İbadetlerinizi ihmal etmeyin, yosun tutarsınız aksi takdirde. Çok dua edin. Kur'an okuma takviminiz hiç aksamasın.

6- Arkadaşlarınızı kontrol edin. Salihlerle beraber olmak zorundasınız. Bu sizin görevinizdir. Arkadaş seçememiş olmak diye bir özürle dirilmeyeceğinizi kesin bilin.

7- Bir okuma ve okuduğunu kullanma hamlesi yapın kendiniz için. Sınıf geçmek için derslere çalışın, iyi bir mü'min olmak için de ilave dersler alın ve kitaplar okuyun.

Allah yardımcınız olsun, ayağınızı ve kalbinizi sabit kılsın.

Hedef

Camiden medreseye, ticaretten ziraata, namazdan oruca, cihattan zikre kadar mü'min olarak ne yapıyorsak her işte yegâne hedefimiz Allah rızasıdır. Sadece namaz kılmaya başlarken 'niyet ettim Allah rızası için sabah namazının sünnetini kılmaya' diyor değiliz. Dilimiz tekrar etmese bile mü'min kalbimiz yediğimiz bir simidi bile Allah rızasına dönüştürmek zorundadır. İçtiğimiz bir bardak meyve suyu için de kural budur. Bardağı ağzımıza götürürken 'niyet ettim Allah rızasına' demiyor olsak bile hayatımızı mü'mince yaşama mücadelemiz adeta toptan bir niyet ihtiva ettiği için onu da ana hedef olan Allah rızasına göre yapıyoruzdur. Allah rızasına dönüşmemiş olan bir zemzem suyu içmesi bile bizim için boştur. Onun zemzem suyu olması kutsallaşmasına yetmeyecektir. Suyu su yapan o büyük rıza ırmağında akıyor olmasıdır.

Bu büyük mecrada akıp gittiğinde hayatımız, cami yolunda adım atan ayaklarımızla spor yapmak için attığımız adımlara benzer bir listede yazılır. Böylece evlilikler cihada dönüşür. Ticaret olduğu gibi bereket fışkırır. Sıla-i rahim o zaman anlamını bulur. Arkadaşlık, dostluk gerçek yerine oturur. Sabır gerçeği ve sonuçları ile kullanılmış olur. Namaz da ibadet olur anne-babaya itaat de. Uhud o zaman dağ olmaktan yükselir, Bedir basit bir vadi olmaktan çıkar. Bu büyük hedefin mecrasına yerleşen küçük rakamlı bir sadaka, cennet fiyatları ile ölçülür. Bir tebessümün adı sadaka olur. Hasta ziyaret eden o ziyaret ettiği yerde Allah'ı bulur. Zikir yapan yaptığı zikirle göklerde anılır.

Allah'ın kitabı olduğu hâlde Kur'an okumak bile ancak 'Allah rızası' mecrasında Kur'an olur. Bir harfine sevap üstüne sevap verilen tilavet 'senin için Allah'ım' diyerek okumaya başlayanın okuduğu her harfedir. Sesi güzel olanla olmayanın okuduğu Kur'an'ı aynı Kur'an yapan ilk baştaki o 'senin için' sözüne sadakattir. Şu fani dünyada 'onun için olmayan' hiçbir şeyin değeri yoktur. İster namaz olsun isterse oruç. Onun için olmadıktan sonra bir kayanın etrafında tur atmakla Kâbe'nin etrafında tavaf etmenin ne farkı olabilir? Tavafı tavaf yapan 'Allah'ın evinin etrafında Allah için dönülüyor' olması değil midir? İnsanın eşi ile yaşadığı özel dakikalarını da sadakaya dönüştüren bu heyecandır.

Kanun gayet açıktır:

Allah'ın mülkünde, Allah'ın kulu, Allah için yapar yaptığını. Mülkü onundur. Kullar onun kuludur. İşler de onun için yapılacaktır. Mü'min basireti ile bakıldığında hayatı anlamla dolduran sır bu sırdır. Şehidin şehitliğindeki sır budur. Alınteri ile kazandığını borç verir gibi sadaka veren bu sırrı yakalamıştır. Allah'ın mülkünde, Allah'ın kulu, Allah için yapacak yaptığını. Namazından zekâtına, haccından seyahatine, ziraatından ticaretine, sevmesinden nefretine, okumasından yazmasına, bakmasından görmesine kadar her işinde hedefi Allah'ın rızasıdır. Ezan okuyan müezzin ile ders veren muallim bu çizgide aynı yerde dururlar. Eşinin ağzına lokma koyup onunla şakalaşan mü'min, cihat meydanında verdiği molada atı ile eğleşen mücahit, bir caminin bahçesinde oyun oynayan mü'min insanların çocukları, bunların hepsi Zilhicce gününde Allah için kurban olarak adanmış koçlarla bu adanmışlıkla şeref kazandıran ismin listesinde bulunurlar.

Allah razı olsun da dünyamız olmasın. Gam yemeyiz bunun için. Allah'ın razı olması cennet demektir. Ebedi olarak ateşten kurtulmak demektir. Emelimiz de budur.

Allah'ın mülkünde onun rızası için iş yapmanın ölçüsü sadece onun Şeriat'ını esas almaktır. Şeriat ölçü alınarak yapılan işler Allah için yapılmış olabilir. Şeriat'ın yok sayıldığı ya da ihmal edildiği işlerde Allah'ın rızası olmaz. Namaz da olsa oruç da olsa gerçek böyledir. Şeriat'ı tek kaynak, ashab-ı kiramı da tartışmasız örnek olarak gördüğümüz işlerde 'Allah için' yapma vasfı bulundurabiliriz. Çağdaş teorileri ve putlaştırılmış gibi tuttuğumuz beşerden insanları önümüzde tuttuğumuz sürece hedefe doğru yürümüyoruz demektir.

Bu Ümmetin Kızına

Muhterem hocam,

Ben âcizane, bir konunun üzerinde İslam âleminin hassasiyetle durması gerektiğine inanıyorum.

Ahzab suresindeki, "Kadınlar zaruret olmadıkça evlerinde kalsınlar" ayetlerini (33 ve 59.) işlediniz.

Bu hükme sebep olarak hem çocukların yetişmesini hem erkeklerin evlerinde eşlerine yeterince doyamamasının toplumda oluşturacağı sıkıntılardan bahsettiniz. Bu uygulamaya peygamber hanımlarını/annelerimizi örnek verdiniz. Erkeklerimiz evde tatmin olamazsa, dışarıda doyuma ulaşmak için bir arayışa girerler dediniz. Sanki bu, erkeklerin hakkı olurmuş gibi anlaşılıyor. Erkek evde cinsel doyuma ulaşamazsa bile dışarıda arayışa girmemesi gerekmez midir?

Çünkü diğer tüm İslamî kurallarda da nefsi alabildiğine doyurmak tavsiye edilmiyor. Örneğin erkekler 1-2 tabak yemekle doymaz ama onlara pekâlâ sofradan açlık hissi ile kalkması tavsiye ediliyor. Başka bir örnek vereyim: Araba düşkünü olurlar erkekler ama ihtiyacın olanı al, gerisini infak et deniyor. Belki ayetin hikmeti bu değildir de başka bir şeydir diye düşünüyorum.

Sizin bu açıklamanızı bin kadın dinlese belki sadece bir veya ikisi başarılı olacak, diğerleri bunu başaramayacaktır. Bu da bize, bu ayet üzerinde İslâm âlimlerinin bir araya gelerek içtihat etmeleri gerektiğini göstermez mi?

Bir diğer sorun: Günümüz şartlarını iyi tanımayan anneler eğer bu dönemde çocuk yetiştirirken kendileri günümüzden kopuk kalırsa, dışarı gönderdiği çocuğu ile nasıl iletişim kurabilecek? Çocuğun dışarıda nelere maruz kaldığını iyi bilip günün şartlarına uygun cevapları çocuğuna nasıl verecek?

Diğer bir konu: 'İhtiyaç hâlinde dışarı çıkmak' nasıl anlaşılmalıdır? Kadının kendini ilmî yönden geliştirmesi bir ihtiyaç değil midir? Bir bayan da ilmî araştırmalar içinde yer almayı, üretken olup ümmetin dertlerine bir nebze de olsa çözüm üretmeyi amaçlayamaz mı? (Siz evinde otursa da büyük bir derdi çözecek diyeceksiniz ama evli olmayan bayanlar da bulunacak toplumumuzda.)

Bir de bayanların iş hayatına girmesinin dünyada erkek işsizliğini artırmasından sözettiniz. Kadın nüfusu %50 oranında. Mevcut işsizlik en fazla %7 oranında çıkıyor. Kadınlara da çalışma için yer kalıyor gibi anlıyorum.

Bir de hocam, bu ayetin Peygamber hanımlarına hitaben gelmesinin de ayrı bir hikmeti olamaz mı?

Allah Teâlâ sizden razı olsun. Dininizi dert ediniyorsunuz, kendinizi ve beraberinizde ümmetinizin kadınlarını düşünüyorsunuz. Böyle bir hissiyat olsa olsa imandan kaynaklanır. Sizi tebrik ederim, size dualar ederim. Keşke bütün mü'mine kadınlar, baktıklarında sizin hassasiyetinizle bakabilseler!

Şunu da bir not olarak yazmamda fayda vardır: Evet, ben sizin yazınızı 'acaba?' ile yorumlamadım. Bir mü'mine hanımefendi benim dersimden yola çıkarak sorular sormuş, sordukları da insanlar arasında genelleştirilebilecek endişelerden oluşuyor. Benim cevap vermem vazifem sayılmalı, ikna edebilmem veya edememem ise benim meselem değildir. Kalpler Allah'ın elindedir, kimin hangi sona doğru gittiğini bilen Allah'tır. Ben veya her birimiz üzerimize düşeni yapıyoruz/yapacağız, bize ait hükmü de Rabbimiz verecek.

Yazınızda gündeme getirdiklerinize kısaca cevap verebilirim. Buradaki cevaplarım size karşı tenkitlerim değil bu hususlardaki kanaatlerimden oluşuyor:

1- Evvela dinimizi, insanların filan zamandaki düşüncelerine göre şekillendiremeyiz. İnsanlar ya da kadınlar, 2/1000 oranında bir şeyi kabulleniyor ya da reddediyorlar diye dine şekil vermeye kalkışırsak, bunun neticesi ehl-i kitabın kitaplarına yaptığına doğru kayar.

> Ben de yaşadığım toplumda sizin tespitlerinizi görüyorum. Görüyorum ama tek başıma kalmaya razı olarak iman ettiğim hakikatleri konuşuyor ve yazıyorum. Pek çok hanımefendi, ağır ifadelerle beni tenkit ediyorlar ama onlara göre dinimi şekillendirmeyi aklımdan bile geçirmiyorum ki Rabbim beni eski ümmetlerin âlimleri için buyurduğu 'kitap taşıyan merkeplere' benzetmesin. Bu zamanda Rabbimiz bizi böyle bir iç kaliteyi koruma ya da ihmal etme ile imtihan etmeyi murat ettiyse biz ne yapabiliriz?

2- Hanımların sıkıntısı sadece 'evde kalmak' ile özetlenebilecek bir sorun değildir. Hanımların neticede İslam ile burun buruna gelmeleri şeklinde özetlenebilecek pek çok sorunları vardır. Şeytan kıyamete kadar da bunları artırarak koruyacaktır. Şimdi biz, hanımlar her sıkıştıkça Rabbimizin kitabından, Peygamber aleyhisselamın Sünnet'inden bir noktayı eriteceğiz? Gayet hassas bir çizgiyi beraberce okumaya çalışalım lütfen. Mesela tesettürün aldığı endişe verici şekli ele alalım; kıyamet alameti denebilecek bir duruma tesettür adı veriliyor. Âlimlerin toplanıp içtihat ederek bu rezil görüntüye 'İslamî' demeleri mi gerekir?

Bu örnekleri onlarcası ile çoğaltabiliriz. Sözgelimi kadınların doğurmaya yanaşmamalarını nasıl yorumlayacağız sizce?

3- Kadınların 'evde bulunmaları/kalmaları' ifadesi, kadınların evden çıkmalarının yasak olması demek değildir. Bunu bu şekilde anlayan bir âlim de yoktur. Hayatı anlama tarzı olarak kadının ev eksenli bir hayatı benimsemesi, İslamî bir hayatın gereği olarak bize gösterilmiştir. Zira ev ve aile, kadının üzerine bina edilmiştir. Evinde olmayan, yani ev ağırlıklı yaşamayan bir kadının, Allah'ın aile emanetini takdir edip yaşaması ne kadar mümkün olabilir? Modern dünyanın alışveriş merkezlerinde, adına işyeri denen yerlerde heba ettiği kadın neslini görmüş olmamız bile belge olarak yetmez mi? Bu ümmet, birilerinin izinden gitmesi için gönderilmemiştir. Birileri değil bütün insanlık, Kur'an standardına yükselsin diye varız biz. Zor olabilir, çetin işlere girmemizi gerektirebilir bu ama bizden beklenen budur. Kadının, varlığını Müslümanlaştırması durumunda, sadece varlığı ile bile cihatta olmasının anlamı da budur zaten.

4- Müslüman kadınlar evlenirken 'peygamberin hanımlarına benzetilerek hayırlı bir evlilik yapmaları için' dua edilirken ya da öldüklerinde Hatice radıyallahu anhaile komşu olmaları için koca koca sözler dua diye sarf edilirken iyi de, onlar hakkında inen âyetler şimdiki mü'min kadınlar için neden uygun olmuyor? Hani iman, hani büyük hedeflerin kadını olmak?

Bir münakaşa konusu olarak görmüyorum sizin söylediklerinizi ama siz de görüyorsunuz ki, meseleye kimin ne diyeceği mantığından değil Rabbimin rızasına uygun olması veya olmaması açısından bakmaya çalışıyorum.

Bu bir imtihandır, hepimiz imtihandayız. Zoru gören zor gördüğünü terk mi edecek? Nerede sabır, nerede sebat denmez mi insana?

Lütfen dua edelim ki ayaklarımız ve kalplerimiz kaymasın.

Allah'a emanet olun.

Sabah Programı

Allah'ın kanunu böyle geldi böyle gidecek: Her gece önceki günü siliyor ve sabah olduğunda hayat yeniden başlıyor. Dağlarda, ovalarda, ırmaklarda, mağaralarda; her yerde güneşin ışıkları ile beraber hayat yeniden canlanıyor. Otlar ve insanlar hareketleniyor. Gecenin karanlığı, yeni güneşle beraber gitmek zorunda kalıyor. Bir dahaki gece anına kadar güneşin aydınlığında hayatı olan her canlı aktifliğini sürdürüyor. Yeter ki gece vaktinde ölümü gelenlerden olmasın, sabahı gören yeniden canlanıyor.

İman hayatımız da yer yer gecelere benzer karanlık dönemler geçirebiliyor. Küfrün üzerimize tasallutu ile bir karanlık çökebiliyor. Kendi hatamız ile perdelerimizi çektiğimiz için karanlıkta kalıyor olabiliriz. Başımıza gelen musibetler gözümüzü görmez, kulağımızı duymaz, elimizi tutmaz hâle getirebiliyor. Kendimizden geçtiğimiz anlarımız, şuurumuzu yitirdiğimiz saatlerimiz olabiliyor. Varlık nedenimizi kavrayamadığımız zamanlar olabiliyor. Kaçmaması gereken fırsatları kaçırmış durumda bulunabiliyoruz. Birimiz, binimiz için böyle olabileceği gibi kitle kitlede karanlığa daldığımız olabiliyor.

Hiçbir gece ebedi değildir. Geceler mukadderdir ama ebedî değildir; her gece kıyamet vakti gelmediği sürece yerini gündüze bırakmaya mecburdur. Gündüzün ışıklarına rağmen perdesini açmayanlar, karanlığı kendi iradeleri ile sürdürenler, geceye esir olurlar.

Artık sabahın çıktığını anlama zamanı gelmiştir. Bir gecelik karanlıklara hayatımızı feda edemeyiz.

İnsanlar sabah olunca günlük kıyafetlerini giyip dışarı çıkıyorlar. Gece ve gecenin oluşturduğu şartlar da evde kalıyor. Dinimiz ve imanımızla alakalı, hayatımızda da bize karanlık geceler yaşatan olaylardan sıyrılmayı ve nurlu meydanlarımıza çıkmayı becermek zorundayız. Gecenin karanlığını gündüze taşımak gibi bir iş olan, olayların ve baskıların etkisini iman hayatımızın tamamına sirayet ettirmemiz kabul edilemez. Başımıza gelen ne olursa olsun, zulmün hangisi ile karşılaşırsak karşılaşalım namaz için kıbleye yönelmemiz bizi farklı bir ortama taşımalıdır. İmanımız bunu gerektiriyor. Namaz huzurumuz olmalıdır. Namazda enerjimizi tazelemeliyiz. Namazın bile eridiği bir hayat bizim için, karanlığa mahkûm olduğumuz hayat olur.

Sadece namaz da değildir örneğimiz; imanımız bize ne yaptırıyorsa onu gecenin ardından bir sabah programı gibi algılamak zorundayız. Mushaf'ı açıp Kur'an okumamız budur, böyle olmalıdır. Her Kur'an okuyuşumuz, gecenin ardından sabah planlaması gibidir. Duamız öyledir. Tesbihimiz öyledir. Mümin kardeşlerimizle beraber bulunduğumuz anlar tam bir sabah yürüyüşü gibi olmalıdır. Gecenin karanlığına gömülüp kalır gibi, olayların ve zulümlerin karanlıklarında yok olup gidemeyiz. Sabrı biliyorsak eğer sabrın özü budur. Cihadı tanıyorsak cihadın, bunun için, böyle bir pratiklik olduğunu da tanıyoruz demektir.

Dağılır gibi olduğunda mümin cemaatimizi yeniden oluşturmak, böyle bir sabah programıdır. Günahlara girdiğimizde tövbe kapısına yönelmek budur.

Boş veya değeri bilinmeden geçirilmiş yılların ardından asıl mümin kimliğimizi ihya etmek için azmedip kolları sıvamak budur. Daha iyisi varken, yapabileceğimizin daha güzelleri varken seviyesi düşük işlerimizden yüksek seviyeli işlere terfi etme heyecanı ve kararı, bir güneş doğmasıdır. O güneşin doğumuyla beraber yola çıkışımız geceden kurtulma ve gündüze kavuşmadır. Oturup düşünebiliriz artık: Dışarıda güneş doğduğu hâlde bitmiş olması gereken geceler bizim gafletimizle sürüyor olabilir mi? Neden bu geceler bu kadar uzun sürüyor? Hiçbir gece ebedî değilken biz kendimizi neden karanlıkta hissedelim?

Her yeni gün yeni bir hayat olduğuna göre her namazı yeni bir canlanma yapmak görevimiz olmalıdır. Okuduğumuz her kitap, dinlediğimiz her âlim, katıldığımız her program bize bir canlanma katmalıdır. Biz karanlık gecelerin insanları değiliz. Geceleri bile aydınlatacak nurun peşindeyiz. İçinde bulunduğumuz karanlık bizim dalgınlığımızdandır. Gözümüzü açsak bu büyük gerçeği görürüz. Üst üste çektiğimiz perdeleri aralasak, ardından o büyük nur görülecek, o muhteşem umut bizi kuşatacaktır Allah'ın izniyle. Yeter ki sabah programımız hazır olsun.

Bu Ümmetin Kızına

Pek muhterem hocam,

Allah sizden razı olsun. Evini adeta bir saray, muhkem bir kale edinen mü'mine hanımlar için Allah tarafından gönderilmiş bir nimet olduğunuzu düşünüyorum. Kalpleri evirip çeviren Rabbimizin, bizleri dini üzerinde sabit kılmasını diliyorum.

Hocam, ben geçen sene liseden hemşire olarak mezun oldum fakat ailemle istişare ederek çalışmamaya karar verdim. Şu an hiçbir sıkıntım yok, Allah'a bin şükür. Fakat bir din görevlisinden bir öğretmene, bir ev hanımından bir işçiye varıncaya kadar herkes benim bu kararımı yadırgıyor. Onların görüşüne göre kadın çalışacak, erkeğin eline bakmayacak. Ben ise sizin, kadının çalışması konusunda sohbetlerinizde bahsettiğiniz değerleri benimsiyorum: Kadının asıl görevlerinin iffetini koruması, evli ise eşi ve çocukları ile ilgilenmesi, değilse kendini geliştirmesi vb. olduğunu.

Fakat insanlarla konuşmaya başlayınca, kendimi bu sözleri söylemekten geri çekiyorum. Korkuyorum. Ya ben bu değerleri bir gün unutursam, ya fikirlerim değişirse ya da çalışmak mecburiyetinde kalırsam? Benden birkaç yaş küçük kızlara öğüt vermek istiyorum. Fakat aynı düşünceler yine beni sıkıyor.

Bu durumda ne yapmalıyım? Bu düşüncelerim aşırı kuşku mu içeriyor yoksa susmaya devam mı edeyim? Dualarınızı bekliyorum.

Değerli kızım,

'Kadın kocasının eline bakmayacak, çalışacak' diyenler, Rablerinin huzurunda rezil olacakları sözleri söylemektedirler. 'İşçi kadın' isteyenler, sömürgeci Avrupalı kafası taşımaktadırlar. Peygamber aleyhisselam Efendimiz'in 'paraya pula tapınan sürünsün!' sözü, korkarım onlar için geçerli olacaktır.

Kızım, biz mü'miniz. Hayatımızı imanımıza göre ayarlamaya mecburuz. Mezarda nasıl olacaksak/olmak istiyorsak o mantıkla bir hayat yaşamaya mecburuz. Buna göre de kadın, sadece kadın olmalıdır. Evinin kraliçesi kadınlar istiyoruz biz. Allah onlardan razı olsun. Ümmetimizin onuru ve umudu o kadınlardır. Paraya tapınan kadınlardan, Allah'a kul olan nesli nasıl bekleyeceğiz biz? Defalarca yazıklar olsun kadınlarını işçileştirmekte, maddeten ve manen sömürmekte sakınca görmeyenlere. Defalarca yazıklar olsun. Buna kapı açanlara, kötü örnek olanlara da yazıklar olsun. Her işi bitirmişler gibi bir de kızlarımızı süründürecek-sömürecek projeler üretenlere yazıklar olsun.

Kadınlarımız, kızlarımız bir 'aybaşı' beklerlerdi. Şimdi ise onları, ikinci bir 'aybaşı' daha bekler hale getirdiler. Birinci bekledikleri aybaşı, onların kadınlığı ve anneliğinin simgesi idi. İkinci bekledikleri aybaşı ise cüzdanlarına koyacakları birkaç liralık maaşın simgesinden başka bir şey değildir.

Fakat kızım, senin bitirdiğin okulla elde ettiğin mesleğin olan hemşirelik, mübarek bir iştir. İş olarak değil de Rabbinin rızasını kazanacağın bir meslek olarak onu, en azından evlenip çocuğun oluncaya kadar yapabilirsin. İbadet niyetiyle bile yapsan değer o iş için. Evine yakın, iffetini koruyabileceğin bir yerde hemşirelik yapabilirsin. Kendini koruyamayacağını zannedersen yapma.

Bir hastanın duasını almak var ya, çok büyük bir kazançtır. Ölçülerini koy ve bir yerde hemşirelik yap. Mesela, zaruret hali olmadığı sürece gece nöbeti tutma. Mesela bebeklerin bölümünde çalış. Artık iffetini koruyarak nasıl yapabileceksen. Sen o mesleğin ince ve kırılgan noktalarını bilirsin. Ona göre bir inceleme yap ve çalış. Paraya ihtiyacın yoksa sadaka verirsin. Mecbur değilsin ama insanlığın bir iğneye ihtiyacı olduğu zamanda yaşıyoruz.

Sana dualar ederim kızım. Ümmetimin yüz akı ve yarınki umudusunuz siz. Allah sizden razı olsun. Bin bir kötü haberin akabinde senin gibi mü'min bir kızın yazısını görünce, yıllar sonra umreye gidip Kâbe'yi gören bir mü'min gibi seviniyorum. İçimden meleklerin duyacağı, hasretimi dillendiren ve sabahlara kadar terennüm ettiğim bir dua olarak diyorum ki:

"Rabbim! Firavun'un sarayından bir Âsiye çıkardın veo Âsiye'ye büyük lütuflarda bulundun. Bu ümmetin, bu kadar çileli ve hercümerc zamanında, onca tuzağı ve hileyi aşarak seni ve rızanı bulmaya çalışan şu genç kızlarını ümmetimizin Âsiyeleri olarak kabul buyur. O Âsiye'ye ihsan ettiklerini bunlara da ihsan et. Firavunsa bizim dünyamız da Firavun doldu. O zaman ne varsa şimdi fazlası var. Musa ve Harun'un dolmuş taşmıştı. Biz de dolduk taştık. Boğulmamıza ramak kaldı. Umutların tükendiği bir zamanda, rahmetinle bize yetiş Rabbim! Kızlarımızı Âsiyelikle ihya et."

Sana dualar ederim kızım. Allah Teâlâ seni, anne-babanı ve müstakbel hayatını mübarek kılsın.

Sorumluluğumuz ve Katkımız

Ümmetimizin mevcut durumunu tahlil etmek zor değildir. Şeriatımızın "geçmişin kabahatlisi ve geleceğin adı duyulmak istenmeyen tehlikesi" olarak hatırlatıldığı da herkesin bildiğidir. Ümmetimizin dışındakilerin bu düşman gözlü bakışları bir yana, içinden olduklarını düşünüp de ümmetimize bakan gözlerinde sinsilik taşıyanlar vardır. Hadislerde haber verilmiş bulunan 'milletlerin üşüşmesi' gerçeği her gün biraz daha yoğunlaşarak artmaktadır.

Allah'a hamd ederiz; dinimiz ilk günkü berraklığı ile elimizdedir. Kur'an'ımız, Sünnet'imiz ve Şeriat'ımız elimizdedir. Önceki ümmetlerdeki gibi bir tahrifat oluşmamıştır, oluşmayacağı da biiznillah kesindir. Asırlardır aralıksız süren saldırılara rağmen indirildiği gibi korunan bir dine sahip olmamız bizim için büyük bir nimettir. Bu nimetin en tabiî şükrü de onun için gayret etmek, nimetin sürekliliği için cihat etmektir.

Bir yandan nimetin varlığı ile övünmek diğer yandan da nimetin sürekliliği için gayret etmemek çelişki olur. Müslüman fertlerin ve o fertlerin oluşturduğu yapılanmaların İslam nimetine şükür için ne yaptıkları elbette Allah Teâlâ'nın hesabını soracağı şeyler arasındadır. İslam gibi bir nimetin şükrü de İslam çaplı olmalıdır şüphesiz. Sofradaki nimetler için kalkarken 'elhamdülillah' sözcüğü yeterli olabilir ama kâinat çaplı bir nimet olan İslam için kâinat çaplı olacak şükür yapılmalıdır. Bunun adı cihat veya başka bir çalışma olur ama gerekli olan şükür, nimetin çapı ile orantılı olmalıdır. Bu orantı en başta niyetlerde ortaya çıkmalıdır. Dinimiz için yapmayı düşündüğümüz işlerdeki niyetimiz elimizdeki nimetin ağırlığıyla uyumlu olmalıdır. Kâinat çaplı bir nimet için kasaba çaplı bir şükür tasarlayamayız.

Büyük niyetlerle beraber büyük planlar da bulunmalıdır. Günübirlik planlar muteber olmayacaktır. Kıyamete kadar baki bir din için çalışanlar günlük, yıllık planlar içinde olmamalıdırlar. Ne fertler ne de oluşumlar kıyamete kadar uzatılmış bir projeyi yıldan yıla ayarlanan planlarla kuşatamazlar. Büyük niyetler büyük planları getirmelidir. Ardından da o büyük planlara büyük sadakatler gösterilmelidir. O büyük plan için canlar feda edilecekse canlar verildi demektir. Mal ise mal verildi. Bu, fertlerin fert çapındaki fedakârlığı olacaktır. Fertlerden müteşekkil oluşumlar açısından fedakârlık gerektiğinde o da feda edilebilmelidir.

Fertlerin yerini oluşumlar ve maddî imkânlar dolduramayacaktır. Oluşumların, cemiyetlerin yerini de fertler dolduramayacaktır. Her taş için ağır olacağı bir yer vardır. Her mü'min için ve her cemiyet, dernek için bir görev vardır. Herkesin bir sorumluluğu vardır. Sorumluluklarımızı birbirimize havale edemeyeceğimiz ise bilmemiz gereken bir gerçektir. Kimse kimsenin namazını kılamayacağı gibi bunun kadar büyük bir hakikat de şudur: Bu din için bir şeyler yapılması gerektiğinde bir mü'minin başka bir mü'minin yaptıklarını kendi hesabına sayması ya da bir uçtan bağlı olduğu oluşumun faaliyetlerini kendi lehine yapılmış sayması boş avuntudur. Bu ölçü, oluşumlar açısından da böyledir. Hepimiz kuluz, hepimiz İslam nimetinin kullananlarıyız. Bu nimete karşı şükür borcumuz vardır. Yediğimiz ekmek için şükür düşünür de bu büyük nimet için, o nimetin ağırlığı ile uyumlu bir şükür düşünmezsek bunun bu çağdaki dille ifadesi nankörlük olur. Nankör olarak anılmamak ve meleklerin kayıtlarında öyle görünmemek için elimizden geleni yapmak durumundayız.

Dinimiz için neler yapılması gerektiğine dair bir liste yapılabilir şüphesiz. Bu liste belli coğrafyalarda ve belli zamanlarda farklılık da gösterebilir. Bu çok önemli değildir. Dün öncelikli olan bugün ikinci sırada olabilir. Filan coğrafyadaki mü'minler için öncelikli ile bu coğrafyadakiler için öncelikli olan arasında fark da olabilir. Bu ümmetin sorumluluğunu başta âlimler olmak üzere omuzlarında hissedenler önemliler ve öncelikliler sıralamasını oluşturmak zorundadırlar. Onlar bunu ihmal ederlerse elbette âlimler namaz kılmıyor diye namazı bırakmayı düşünmeyen mü'minler, o görevleri de ihmal edecek değildirler. Kaybeden mesela âlimler olur ama ümmet gençlerinin omuzlarında yoluna devam eder. Âlimler özel hissiyatlarını, gizli endişelerini öne çıkarsalar da ümmetin gençleri ve onların yüreklerindeki heyecan, yolu aydınlatmak için yeter.

Büyük ve eşsiz İslam nimetinin şükrü olarak iş listemiz şudur:

Fertler ve oluşumlar olarak erimeden ve aslımız olan ashab-ı kiramdan kopmadan ayakta durmayı becermeliyiz. Bu birinci işimizdir.

İkinci işimiz de dışımızdaki insan ve cin oluşumlarına karşı tek parça olmayı becermektir.

Üçüncü olarak da kıyamete kadar baki bir dinin mü'minleri olarak o geniş alana yayılmış planlar üzerinde yoğunlaşmalıyız.

Üzerimize düşeni yapabildiğimiz kadar yapalım. Yapabileceğimiz ile yapmadıklarımız arasındaki hesap farkını da Allah'a bırakalım. Nasıl olsa o görüyor, biliyor ve sayıyor.

Allahuekber.

Bu Ümmetin Kızına

Kıymetli hocam,

Kadının bir başka kadın yanındaki tesettürü konusundaki göbek ile diz kapağı arasının gözükmemesi gerektiği hükmünün delilini merak ediyorum. Bir ilahiyatçıyım ve bu konuda bana yöneltilen soruları yanıtlayamıyorum. Çok araştırdım. Hüküm açık fakat hiçbir delil bulamadım.

Cevaplarsanız çok mutlu olacağım.

Hanım kızım,

Kadının kadına karşı avreti var mıdır? Yani kadın erkekten avretini gizlediği gibi kadından da gizlemeli midir?

Bu sorunun cevabını konuşmadan önce, "erkeğin erkeğe karşı avreti var mıdır?" şeklinde bir soru sorabiliriz. Soruyu biraz basitleştirerek, "erkekler kendi aralarında iken serbesttirler, kadınlar da kendi aralarında iken serbesttirler." demenin dinî bir dayanağı olabilir mi, buna mümkün diyebilir miyiz?

Bu soruda cevap gayet basittir. Erkeklerin de avreti vardır. Bu avret göbek ile diz kapağı arasıdır. Hadiste hüküm gayet açıktır: "Uyluk (dizden kalçaya kadar olan bölüm) avrettir." (Buharî, 371; Ebu Davud, 4014; Tirmizi, 2795)

Bu avreti erkek kadının önünde de kendisi gibi bir erkeğin önünde de korur. Aynı şekilde kadının da avreti vardır. Kadının avreti erkeğe karşı, istisnalar dışında bütün bedenidir. Kadına karşı da göbek ile diz kapağı arasıdır. Bu hususta fukahanın neredeyse icmaı vardır. Fıkıh kitaplarımız, kadının kadına avretini açıklarken, **erkeğin erkeğe avreti nereler ise kadının kadına avreti de oralardır** yani diz kapağı ile göbek arasıdır, demişlerdir. Müslim'in rivayet ettiği bir hadiste Resûlullah sallallahu aleyhi ve sellem:

'Erkek, erkeğin avretine bakmasın. Kadın da kadının avretine bakmasın.' Buyurmaktadır (Müslim, 338). Buradaki ikinci cümlede çok açık bir şekilde, kadının da kadına karşı bir avretinin bulunduğu ve kadının ona bakmasının haram olduğu anlaşılmaktadır. Kadının kadına karşı avretinin bulunduğuna sadece bu hadis bile delil olarak yeterlidir. Bu avretin neresi olduğu meselesine gelince bu da fukahanın farklı metinlerden istifade ederek ortaya koydukları, **göbek ile diz kapağı arası** ölçüsüdür.

Ebu Davud, 4011; Tirmizi, 2802 ve İbni Mace, 3748'de rivayet edilen bir hadiste de Resûlullah sallallahu aleyhi ve sellem, yabancıların toprakları fethedildiğinde oralarda hamamlar göreceklerini haber vermiş, erkeklerin hamamlara izarsız (göbek ile dizkapağı arasını örten etek) iken girmemesini ashabına emretmiştir. Bu metin de avretin sınırını başka bir açıdan göstermektedir. Bu metinlerden, erkeğin erkeğe karşı avreti anlaşılmaktadır. Yukarıdaki hadis, avretini göstermesin diyerek kadının da kadına karşı avretinin bulunduğunu ortaya koymaktadır.

Lâkin bir ayrıntıyı sizinle paylaşmak isterim:

Avret, insanların gözden ve elden koruması gereken bölümü olarak ele alındığında, kadının bedeninin öbür kadına karşı korunmasını psikoloji açısından anlamamız mümkündür. Din emretmese bile insan idraki bunu emreder. Kadınların birbirlerinin bedenlerinden, bedenlerindeki ziynet ve bakımdan etkilenip etkilenmediklerini bir psikolog bakışı ile de incelememizde yarar vardır.

Meseleyi şu şekilde özetleyebiliriz:

– Hadisler bir avretten söz etmektedir.

– Erkeğin erkeğe, kadının kadına karşı avreti diye de özellikle vurgulanmaktadır.

– Hadiste açık bir şekilde, kadının kadına karşı avretini koruması emredilmektedir.

– Uyluğu avret olarak belirleyen hadis, özellikle cinsel organ ve kalçaları zikretmemiştir. Bu da zikredilmesini bile gereksiz yapacak kadar açık bir durumdur zaten.

Sakal ve Peçe

Şeriat'ımızın hayatın dışına sürüklenmek istendiği yıllarda, erkeklerin sakallı olması, kadınların yüzlerini peçe ile örtmeleri büyük bir İslam sembolü gibi görülmüş ve imha edilmeleri için savaşılmıştı.

Peçe yırttılar, sakal kazıdılar. O zamanların kültüründen etkilenmiş nesiller de erkeklerde sakalı, kadınlarda da peçeyi İslam'ın adeta çağa yakışmayan iki simgesi gibi gördüler. Sakal dini temsil etti. Dindar insan olmak için sakal arandı. Kadının peçe kullanması mükemmel dindarlığına işaret etti zihinlerde.

Böyle değil de denemez. Sakal da dindendir peçe de. Sakallı olmayı Peygamber aleyhisselam emretti. Peçe dinin emri olarak mü'min kadınlar arasında ilgi gördü. Asırlar öyle geldi geçti. Sakal ve peçe bu yönüyle küçük görülemez. Dindar erkeğe ve dindar kadına işaret etmektedir.

Biz ise iki sorunun cevabını bulmak istiyoruz. Birinci sorumuz şudur:

Sakal ve peçe erkekte ve kadında dinin emirlerinin ne kadarıdır? Yüzde kaçıdır veya mü'min insanın hayatının ne kadarıdır?

İkinci soru da şudur:

Sakal erkekte, peçe de kadında yüze ait güzelliği şekillendiriyor ama karakteri güzelleştirebiliyor mu?

Bu iki sorunun cevabı ile ortak bir soru önümüzde durur:

Sakallı erkek, sakallı olmakla Müslüman olmanın gereklerinden ne kadarını yerine getirmiş olur, ondan Müslüman olduğu için beklenen insanî meziyetler, ibadetten muamelata kadar dinî vecibeler sakalla yerine gelmiş olur mu? Tek başına sakal İslam'ın yerine kaim olur mu? İman ile bir arada duran ahlâk, gayret ve heyecan isteyen kulluk mücadelesi ne ile doldurulacak?

Aynı şekilde peçeli bir kadın, dinin ondan beklediği anneliği ve kadınlığı peçe ile telafi edebilecek mi? Mü'min kadın ahlâkındaki kalite, mü'min toplumun nüvesi olma vasfı yerine gelmiş olur mu?

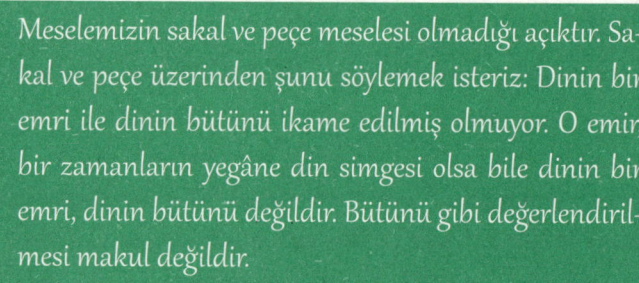

Meselemizin sakal ve peçe meselesi olmadığı açıktır. Sakal ve peçe üzerinden şunu söylemek isteriz: Dinin bir emri ile dinin bütünü ikame edilmiş olmuyor. O emir, bir zamanların yegâne din simgesi olsa bile dinin bir emri, dinin bütünü değildir. Bütünü gibi değerlendirilmesi makul değildir.

Aynı şekilde dinin yasaklarından birini mesela alkolü kullanmadığı için bir insana mükemmellik verebilir miyiz? Alkol kullanmıyor olmak namaz açığını kapatabilir mi? Çalmıyor olmak zekât açığının yerine geçer mi? İyilik ve kötülük, iyiliğin ve kötülüğün bütünü ile ölçülmelidir. Herkesin becerebildiğini bütün adına yeterli görmesi dini keyfe göre kullanma sonucuna götürür. Sakal ve peçe sadece rahat anlaşılabilir iki örnektir. Allah'ın emir ve yasaklarının her biri kendi yerinde ağırdır. Biri diğerinin yerine kaim olmaz. Namaz ne kadar mükemmel eda edilirse edilsin, Kâbe'de eda edilmiş olsa bile orucun yerini alamaz. Oruç da namazın yerini alamaz. Aksi takdirde zevklere ve kısır menfaatlere göre parçalanıp pazarlanmış bir din olur dinimiz. Maazallah zihinlerde böyle bir algı yerleşecek olsa, din marketten beğenilip alınan meta gibi tüketilmeye başlanır. Bu da dini eritmekle sonuçlanır.

Sakallı erkekler, Allah'ın emirlerinden sadece birini yerine getirdiklerini bilmelidirler. O emrin yeri ve ağırlığı ne olursa olsun dinin tamamının yerine konamaz. Peçeli hanımlar da kendilerinden istenenin sadece birini yerine getirmişlerdir. Hâlâ onlardan ahlâk kalitesi beklenecektir. İbadet ciddiyeti istenecektir. İstikrar aranacaktır. Sebat ve sabır sahibi olup olmadıklarına bakılacaktır. Cihat edip etmediklerine, aile düzenini İslamlaştırıp İslamlaştıramadıklarına bakılacaktır. Ne kadar değerli olursa olsun su, hayatın özü ve asıl olduğu hâlde hayat için tek başına yeterli olmadığı gibi dinin emirlerinden biri namaz bile olsa tek başına din değildir. Hayatı bir bütün olarak yaşadığımız gibi dini de parçalamadan bir bütün olarak almalıyız. Buna din ilimlerini tahsil etmek de ilave edilebilir, Ramazan ayında itikâf yapmak da dâhil edilebilir. Önemi ne olursa olsun diğer önemlileri ezmesi yoktur işlerimizin.

İşte bunun için de sakallıların, sırf sakallı oldukları için kendilerini ahlâkta üstün, ibadette yeterli görmeleri anlamsızdır. Peçeli kızlarımız, mü'min kadın kıvamını yakalayamadıkça peçe ile yüzlerini kapatmış olabilirler ama ayıplarını ve eksiklerini kapatamazlar. Bedenimizin bir organı bedenimizin tamamı olmadığı kadar açık bir gerçek de budur: Hac bile olsa söz konusu olan hiçbir önemli diğer önemlilerin yerine geçmez. Bunun için de cihatta bıraktığımız boşluğu ne ile doldurabileceğimiz sorusu bize sorulmadan önce bizim sorgulayıp çözmemiz gereken sorunlarımızdan biri olarak önümüzde dursun.

Bu Ümmetin Kızına

Saygıdeğer hocam,

Bundan altı yıl önce eşimle Allah rızası için bir evlilik yaptık, Gerek düğün sürecimizde gerek yeni kurduğumuz ev hayatında her zaman ilk önceliğimiz Allah rızasıydı. Evimizde tebliğ çalışmaları, kitap okuma programları ve sohbetler vardı. Eşim 24, ben 20 yaşında ve bu yolda çok aktif gençlerdik.

Ama bu çok uzun sürmedi. Yaklaşık bir yıl sonra, çocuğumuzun olmasının -kocamdaki bir rahatsızlıktan dolayı- tıbben imkânsıza yakın olduğunu öğrendik ve dünyamız değişmeye başladı. İlk duyduğum zamanlar "Rabbim imanımı artır ki sabrım da artsın" diye dua ederdim ama yıllar geçtikçe imtihanımız sanki daha da ağırlaştı. Sadece çocukla değil ailelerimiz ve kardeşimiz dediğimiz insanların dedikodu vb. şeyleriyle de imtihan olduk ve sanki bu daha zordu. Kitap okumak için yanıp tutuşan ben kitapların kapağını açmaz, sosyal ortamlara girmez oldum. Buna sohbet ve dernek işleri de dâhil. Çünkü nerede insan varsa orada benim canım yakılıyordu. Gerek bilerek, gerek bilmeyerek her şeyden soğutuldum. Şu an Allah rızası için işin içinde insan faktörünün en az olduğu şeylerle uğraşıyorum.

Şimdi hocam, size birkaç sorum var:

Hocam, gençleri inşa ediyorsunuz, aileyi Kur'an ve sünnetle inşa ediyorsunuz. Peki biz ve bizim gibiler ne olacak hocam? Böyle ağır bir imtihanı yüklenen bizler, iki kişi kaldığımız için toplum nazarında aile bile sayılmadığımızdan bu dünyada nasıl inşa olacağız?

Bu imtihandaki hikmet nedir hocam? Bambaşka bir hayat düşünürken, özellikle beni Allah yolundan alıkoyan bu imtihanın bir sebebi var mıdır ya da olmak zorunda mıdır?

Zaten gurbetteyiz, koca evde yalnız olmak, hastalandığında sana bakacak kimsenin olmaması, yaşlılığında bile yalnız kalmak düşünceleri beni çok üzüyor. Bu imtihanın bir ilacı var mı? Nasıl sabretmeliyiz? Ya da verdiği acıyı nasıl hafifletiriz?

Çocuk sahibi olamama belirli bir kader midir? Değişmez mi?

Kur'an'da ve hadislerde, bizim durumumuzdaki nice insan için bir şey var mı? Resûlullah aleyhisselam, "cennet annelerin ayakları altındadır" buyurmuş ya, ya anne olamayanlar için de bir şey buyurmuş mu?

Bu durumda olup da evlat edinebilir miyiz? Bu helal olur mu?

Bu konularla alakalı bir sohbet yapabilir misiniz? Çocuk sahibi olamayan yüreklerin ateşi belki bir nebze söner.

Rabbim ilminizi artırsın.

İlk başta şunu belirtmeliyim: Ateş kesinlikle düştüğü yeri yakar. Ben sizin acınızın ne kadarını hissedebilirim? Elbette siz acının sahibi olarak daha derinden yaralısınız. Bunu biliyorum, bu bilgi ile size yazıyorum.

Şimdi size söyleyeceklerim var. Lütfen mü'min bir

kardeşiniz, sizi hakikatlerin acı yüzü ile tanıştırmaya çalışan biri olarak okuyun beni. Başta dedim, acınızı hafif görmüyorum ama söylemem gerekenlerde de sizin beni hafife almamanızı rica edeceğim.

Çocuğunuz olmadığı, size 'anne' diyecek biri bulunmadığı için, hastalanınca yanınızda duracak, sizi hastaneye götürecek biri olmadığı için kederleniyorsunuz. Cenneti ayağınıza getirecek nimetten mahrum olmak sizi incitiyor. Bu şikâyetlere itiraz edebilecek kimse yoktur bu dünyada. Benim de size soracaklarım var, lütfen siz de bunları cevaplandırın kendi içinizde. Sonra da bir denge kurmaya çalışın.

Doğurduğu çocuğun ettiklerinden ötürü kanser olup ömrünün sonunu onkoloji bölümünde kıvranarak geçiren anneler, evinde hasta hâliyle beklerken oğlu veya kızı yanına uğramayan anneler, oğlunu-kızını yetiştiremediği için cehenneme girecek amellerle karşılaşan anneler ne yapsın sizce? Onlara da ağlayalım mı yoksa ağlanacak sadece siz misiniz?

Ortada bir yanlışlık var. Bu yanlışlığa, bu zamanın iman edenleri olarak çok yoğun bir şekilde batmış bulunuyoruz. O da şudur: Evleniyoruz, evlendiğimiz eşlerimizin bizim malımız olduğunu zannediyoruz. Çocuğumuz oluyor, çocuğumuzu malımız zannediyoruz. Biz faniyiz, öbür faniye dayanmak istiyoruz. Öte yandan Allah'a imanda koca koca laflar etmeye de devam ediyoruz. Hani Allah bize yeter idi? Hani 'hasbunellah'? Hani, hani? Allah bize yeter deyip, eş veya çocuk olmayınca tükenip gitmek olur mu hiç? Neden kendimizi şeytana salalım böyle bir durumda! Ben size mi ağlasam, yoksa doğum yaparken ölen ya da sakat kalan kadınlara mı, çocuklara mı? Size mi ağlasam, çocuğu iki yıl içinde ölecek diye uyarılan ve iki yıl sonra öleceğini bildiği bebeğini kucağında taşıyan, ölü taşıyıcısı gibi bilinen bir anaya mı? Kime ağlasam sizce? Rabbimizin bizi nasıl imtihan edeceğini biz mi belirleyeceğiz, yoksa O mu? Olmaya siz, kapınıza kadar gelen cenneti göremiyorsunuz da doğuracağınız çocuğun muhtemel cennet müjdesi ile avunuyorsunuz? İmtihanın ortasında ve en hararetli yerinde, burun buruna gelmişken cennetle, kaç günlük ki şu dünya sizi kederlendiriyor!

İnsanlar konuşsun, siz dinlemeyin. İnsanlar irdelesin, siz yürüyün. Çocuk mu, anne mi, varlığı mı yokluğu mu, kızı mı erkeği mi... hangisi hayırlı bilemeyiz ki. Bir tek şey bilir, bir tek şeye iman ederiz: Rabbimiz ne yaptıysa güzeldir o, ne emrettiyse hayırdır o, o kimseyi kapısından çevirmez asla. Böyle bilir böyle inanırız. Ayağa kalkın ve dik durun. Salıvermeyin kendinizi şeytanın rüzgârında.

a- Gününüzü tam doldurun, boş vaktiniz kalmasın. Yorulun. Yatağa zor yetişecek kadar yorulun. Gerekiyorsa para kazanın, sadakalar verin o parayla.

b- Eşinizle hergün yeniden evlenir gibi sarılın durun birbirinize. Siz onun çocuğu olun o da sizin çocuğunuz olsun.

c- İman ayetlerini bir kere bir kere daha okuyun. Teslimiyeti, dünyanın faniliğini nakşedin beyninize.

d- 24 ayına gelmemiş bir çocuğu emzirebilirseniz, o sizin süt çocuğunuz olur. Eşinizin de çocuğu durumunda olur. Onu evlat gibi büyütebilirsiniz ama bu da sizi kesin teselli etmeyecektir. İnsanlar, doğurup büyüttükleri ile teselli bulmuyor da siz başkasınınki ile nasıl teselli bulacaksınız. Bizim teselligâhımız cennettir biiznillah; orada doyacağız beklentilerimize. Sabır oraya kadar, sabır.

e- Şeytan ve şeytanlığı iş zanneden çevreniz, size başkası ile evlenmek fikirlerini zerk edebilir. Bu düşünce önce eşinize karşı soğuma ile başlar, sonrasında ondan nefret etme devam eder. Çocuksuz kadın iken geçimsiz ve bela bir kadına dönüşmeden kendinize gelin. Toparlayamayacak olursanız, eşinizden boşanmayı istemeniz hastanelerde tedavi görmenizden daha iyidir. Ama bunu ölümcül durumların tedavisi olarak bilin.

f- En büyük silahınız duanızdır. Her saat açın ellerinizi, Rabbinize sığının. Ona sığınmak kadar rahatlatan bir meltem rüzgârı yoktur. Sığının sizi bu derde duçar edene. Edebinizle, gözyaşınızla, ısrarınızla.

g- Tamam, ağlayın. Üzülün, endişelenin ama abartmayın bu işi. Kaç gündür ki bu dünya, kaç gününü ağlayarak geçireceksiniz. Sizi dedikodu dalgalarında boğmaya çalışan müfsit çevrenizi de abartmayın. Yok sayın, rahat edin. Kendinize, eşinize ve bütün mü'minlere dualar edin. Sıkıntınızın kıymetini bilin derim size, yüreğiniz yaralı ise diliniz de dualıdır.

Allah'a emanet olun. Biz de duanızı bekleriz.

Hesap Gerek

Rabbimizin nimetlerini saymakla bitiremeyeceğimiz bir hakikattir. Yer gök onun nimetleri ile doludur. Aldığımız nefesten gözümüzün gördüğü eşyaya kadar onun nimetleri ile iç içeyiz. Elhamdülillah.

Rabbimizin nimetleri arasında bir tane olarak bakmakta kusur etmiş olabileceğimiz çeşitlerden biri, gün ve geceler olarak bize lütfettiği ve bizim esasen 'mübarek' gördüğümüz zaman dilimleri olsa gerek. Gecelerden bir gece gibi geçirebildiğimiz 'Kadir Gecesi', bayram heyecanımızda eriyip gidebilen 'Arefe Gecesi' örnek olarak ele alındığında bizi bir hesap yapmaya zorunlu olduğumuza ikna için yeterlidir. Hangi nimetin sonrasında bir hesap yoktur? Ekmek de Rabbimizin nimetlerinden bir nimettir. Ekmeği nimet diye gördüğümüz için tüketilmesini ve israfını bir hesap konusu olarak görüyoruz. Aynı şekilde sağlığımızı hesabı tutulması gerekli nimet olarak görüyoruz. Doğru olan da budur şüphesiz. Eğer bir nesne nimet özelliği taşıyorsa ve sahibi Allah Teâlâ ise onun bizde bulunması ve bizim onu tüketmemiz hesap gerektirmektedir.

'Mübarek' olduğunu takdir ettiğimiz zaman ve mekânları, ekmekle kıyas edilebilecek bir nimet görmemiz dahi yerinde olmayabilir. Bir 'Kadir Gecesi' ve 'ekmek' aynı değerde iki nimet olamaz. Ekmek, fani dünyamızla direkt, ahiretimizle dolaylı bağlantılı bir nimettir. 'Kadir Gecesi' ise ahiretimizle direkt, fani dünyamızla dolaylı bağlantılı bir nimettir. Dünya ile ahiret arasında fanilik ve ebedîlik farkı üzerinden değerlendirdiğimizde nimet olarak ekmek ile 'Kadir Gecesi' arasındaki fark da anlaşılacaktır. Bu farka rağmen sahibi Rabbimiz Allah olan bütün nimetlerin nimet oluşunun takdir edilmesi kulluğumuzun gereğidir. Basit bir aile bütçesinin dahi hesapsız gelip gittiğini düşünemeyeceğimiz bir hayatta 'mübarek' vasfı ile andığımız zaman ve mekânların öncesinde ve sonrasında hesabını yapmadan geçirebileceğimizi düşünemeyiz. Bir ömür boyunca kaç ekmek tükettiğimizin hesabı gibi bir hesabı da kaç 'Kadir Gecesi' şeklinde yapabiliriz. Kaç 'Kadir Gecesi' geçirmiş mü'min olarak dirileceğimiz bizim için önemli bir hesap konusudur.

Hesap konumuzu 'Kadir Gecesi' ile de sınırlı tutamayız. Bir âlimin huzurunda, bir velinin beraberliğinde bulunduğumuz dakikalar da nimet olması açısından hesabı ile muhatap olacağımız fırsatlardır. Mekke sokaklarında dolaşırken geçirdiğimiz saatler böyle görülmelidir. Daha açık bir örnek olarak anne babalarımızla beraberliğimiz, onların yanında geçirdiğimiz dakikalar hiç tereddüt etmeden 'cennet/cehennem' eden dakikalar değil midir? Peygamber aleyhisselam efendimiz, yaşlı anne babasının varlığına rağmen cennet garantisi alamayanın burnunun sürtünmesine beddua etmedi mi? Bunun anlamı, anne baba ile geçirilen dakikalar 'cennet/cehennem' olabilir düzeyde bir nimeti takdir etmek değil midir? Bir mü'minin haccı veya umreyi nasıl geçirdiği sorulduğundaki bir nevi muhasebe ve umut dolu heyecanının benzerini, herkesin anne babası ile geçirdiği günler için de yapması iman gereği olmaz mı? Haccın mukaddes olma yönünü bize bildiren kaynak, anne ve babayı 'cennet/cehennem' düzeyinde önümüze koymuştur. Bu da bizim, anne baba beraberliğini Rabbimizin hesabı sorulacak nimetlerinden bir nimet, ferdî muhasebemiz açısından varlıkları ile beraber olduğumuz zamanı mübarek görmemizi gerektiriyor. Bu bakış kesinlikle insanî düzeyin çok üstünde bir bakıştır. İnsanî düzey, ebeveynin evladına hizmetine karşı yaşlandıklarında evladının da onlara vefakâr olması, iyiliklere karşı nankör olmamak ve benzeri başlıklarla izah edilebilecek düzeydir. Bizim anne babayı mü'min kimliğimizin gereği olarak Allah'ın önümüze koyduğu 'cennet/cehennem' etrafında dönen bir nimet görmemiz şarttır. Nimetin sahibinin büyüklüğü, nimetin kendisinin ağırlığı ancak bu ölçü ile takdir edilmiş olabilir. Bu yüzdendir ki, ayaklarına cennet getirilmiş bir anneye-babaya yılın bir gününü saygı günü olarak belirlemeyi güneşin ışınları önünde mum yakmak kadar cılız buluyoruz.

Allah Teâlâ nimet verdi ise o nimetin muhakkak hesabı olmalıdır. Biz o hesabı yapalım veya yapmayalım nimetin sahibi 'bütün nimetlerinin hesabını soracaktır.' O bütün nimetlerin hesabının sorulacağı gün gelmeden hesap mantıklı olmamız, yapmamız gereken bir kulluktur. Tüketen ama hesap bilmeyenlerin uçurumunda yuvarlanmamak ancak böyle olabilir.

Bir örnek olarak bu nimet hesabı bilmeyi mübarek Ramazan ayı için uygulayabiliriz. Zira Ramazan ayının nimet olduğunda hatta ömre bedel çapta bir nimet olduğunda şüphemiz yoktur. Bu muhteşem nimetin sembollerle geçiştirilemeyecek, elektrik israfı ile aydınlatılamayacak çapta büyüklüğünü de müdrikiz. Bize göre bitirilmiş hesaplarla kapatılamayacağını da müdrikiz. Sadece Ramazan nimetinden önce ne idik, sonrasında ne olduk sorgulaması bile bir hesap çeşidi olarak lehimize olacaktır. Ramazan kadar değerli bir konuyu kendi muhasebe dosyalarımıza ilave etmeliyiz: Ramazan hesabı.

Bu Ümmetin Kızına

Saygıdeğer hocam,

Ben hukuk bölümünde okuyorum. Son zamanlarda aklıma takılan bir konu var.

Bayanların hâkimlik yapması dinen uygun mudur? Bayanların bu bölümü okuması açısından bir mahzur var mıdır? Mesleğe dair görüşleriniz nelerdir?

Allah'a emanet olun.

İslam ile idare edilmeyen yerlerdeki merî hukuk ilminin öğrenilmesi ve ardından da elde edilen diplomanın verdiği hâkimlik ve benzeri mesleklerin icra edilmesi meselesini bu asırdaki ilim adamlarımızın ihtilaf ettiği konular arasında görüyoruz. Tamamen reddedenlerin yanında, değerlendirilebilir bulanlar da vardır. Erkek veya bayan ayrımı yapmadan önce bu yönünü ele almamızda yarar vardır. Şahsî kanaatimiz; itikat açısından kabul etmiyor olmamıza rağmen, şerden emin olmak açısından bu bölümlerin, dinine vâkıf gençlerimiz tarafından tahsil edilmesi ve diplomasının da kullanılması yönündedir. Evet, ortada bir risk vardır ama bu risk belki camideki imam efendi için de vardır. Hiçbir meslek, İslam'ı merkeze almayan böyle düzenlerde el kol sallanarak icra edilebilir nitelikte değildir.

Bayanların hukuk tahsilini, tahsilin neticesi olarak hâkimlik ve savcılık gibi meslekleri icra etmelerini ise risk içinde risk taşıyan bir alan olarak görüyoruz. Çok özel yetiştirilmiş, koruma altında tutulmuş, mü'min çevresinden hiç koparılmamış ve orada bulunma maksadını imanı ile alakalı gören bir bayan için 'ümmet adına kullanılmış bir zaruret' olarak değerlendirebiliriz. Avukatlık ise biraz daha olabilirliği bulunan bir alandır.

Dikkat ederseniz ağır bir sorumluluğun ifadesi olan şartlardan söz ediyoruz. Bu da herkesi imanı ile başbaşa bırakıp karar vermeye sevk etmektedir. Allah Teâlâ rızasına muvafık amellere hepimizi muvaffak kılsın.

Düşündün mü Hiç?

Kur'an'ımızda sure adlarından biri Kehf suresidir. Rabbimiz bize indirdiği kitabını son insana kadar herkes Allah'ı tanısın, dinini anlasın diye indirdi. Bunda bir tereddüdümüz yoktur. Elhamdülillah olduğu gibi iman etmiş bulunuyoruz Allah'a da indirdiği kitabına da. Peygamberi ne dedi ise ona da hakkı ile iman ettik. Buna hamd ederiz. Kur'an'da yüz on dört sure var. Bu surelerin isimlerini insanlar mesela ashab-ı kiram koymadı. Surelerin isimlerini bizzat Peygamber aleyhisselam koydu. Şüphesiz ona da Allah emretti de yaptı. Bu yüz on dört surenin içindeki âyetler bize hitap ediyor. Dinimizi ve imanımızı öğretiyor bize. Bu surelerin isimleri de bize bir mesaj veriyor olmalı değil midir? Sıradan bir adlandırma olabilir mi? Hele surenin içindeki konu ile surenin ismi aynı noktada kesişiyorsa!

Kehf suresinin şöyle bir konusu var:

Peygamber aleyhisselam efendimizden önceki asırlardan birinde yaşayan bir grup gencin hikâyesidir bu. Hikâye diyoruz ama bu hikâye kelimesi bildiğimiz hikâyeyi yansıtmıyor. Yüzde yüz gerçek bir olaydır bu. Çünkü bu olayı bize anlatan Allah Teâlâ'dır. O ne anlattı ise yüzde yüzden daha doğrudur anlattığı. Böyle iman ediyoruz. Böyle iman etmemek de iman dışında kalmak olur maazallah.

Dönem Roma imparatorluğu dönemidir. Roma'nın Ortadoğu yöresindeki sömürgelerinden birinde yaşanıyor bu olay. Roma imparatoru ülke gezisindedir. Eyalet valisini de sarayda ziyaret etmektedir. Herkes kralı tanrı görüyor. Tanrıya gösterilecek saygıyı gösteriyordu.

Bir grup mü'min genç, bir insana ilah muamelesi yapılmasının yanlış olduğunu anlamışlardı ama insanlar ilah edindikleri bir beşerin önünde iki büklüm olmuş saygı gösteriyorlardı. O genç grup kralın yüzüne karşı, onun beşerden biri olduğunu ve asıl ilahın yerleri gökleri yaratan Allah olduğunu, ona iman ettiklerini, kralı ilahlaştırarak seviyelerini düşürmeyeceklerini bağırdılar. Kendisini ilah zanneden kral delirecek gibi oldu.

Gençler şehirden kaçıp bir mağaraya sığındılar. Orada onları bir uyku bastı. Uyuya kaldılar. Kral ve ordusu onları bulup yakalayamadı. Gençlerin uykusu tam üç yüz yıl sürdü. Tam üç asır uyudular ve yiyip içmedikleri hâlde ölmediler. Üç asır sonra uyandılar. Acıktıklarını hissettiler. İçlerinden birini şehre gönderip yiyecek aldırmak istediler. Biri şehre gitti. Pazara girdi ama şehir değişmişti. Bambaşka bir şehir sokaklarında dolaşıyordu. O üç asır uyuduğunu bilmiyordu. Biraz fazla uyuya kaldıklarını zannediyorlardı. Onların arkasından şehir değişmiş, yönetim değişmiş, çok şey olmuştu. Onların ise hiçbir şeyden haberleri yoktu.

Ekmek almak için parasını gösterdiğinde esnaf onun bir yabancı olduğunu anladı. Asırlar öncesine ait bir para kullanıyordu. Ortalık karışınca mağaraya geri döndü. Olup biteni arkadaşları ile anlamaya çalıştılar. Kendilerini öldürmesi için Allah'a dua ettiler. Orada öldüler. Onlar üç asır uyuyarak yaşadıktan sonra öldüler.

Kur'an'ımız onları Ashab-ı Kehf/mağara arkadaşları olarak bize tanıttı. İki bin yıla yakın zamandır onlar meleklerin kayıtlarında böyle biliniyorlar. Kur'an'ımız onları bize böyle tanıtıyor. Bir sure adı oldu onlar.

Şimdi biz düşünmeye çalışalım:

Yaşadığı zamana göre en üst düzeyde bir görev sahibi genç insan. Herkesin imrendiği konuma sahip. Sarayda görevli. Sarayın başı tanrı zannediliyor. O da tanrı zannedilenin himayesinde. Emrediyor, emri yerine getiriliyor. Para onun, söz onun her yerde.

Yüreğinde Allah'a iman var. O imanı gizli tutmuş. Çünkü Allah'a iman etmek tanrıları reddetmek olduğundan büyük bir suç sayılıyor. Bir gün en büyük tanrı durumundaki krala karşı içindeki imanı haykırıyor. Tanrı bunu duyunca deliriyor. Ondan başka bir tanrı olabilir mi?

Mü'min genç, kendisi gibi mü'min gençlerle mağaraya sığınıyorlar. Allah onları koruyor orada. Mucize olsun diye üç asır orada yaşıyorlar.

Bu sahnenin bize yansıyan ya da yansıması gereken tarafı yok mu? Bu ayetleri okuduğum Kehf suresinin yirmi birinci âyeti konunun bize ait bölümünü şöyle açıklıyor:

"Böylece biz, şehir halkını onların durumundan haberdar ettik ki, tüm insanlar Allah'ın verdiği sözün gerçek olduğunu, kıyametin şüphe götürmez olduğunu kesinlikle bilsinler. Fakat onlar meseleyi bu yönde algılamaları gerekirken, kendi aralarında mağaradakilerin durumlarını tartışıyorlar..."

Demek ki, ashabı- kehfin önümüze konmasının nedeni Allah'ın kudretini anlamak ve kıyamet imanını takviye etmek imiş. Olayı öğrendiğimiz kaynak bize sonucun bu olması gerektiğini anlatıyor.

Bugünün en önemli hastalığı ya da hastalıklara kaynak oluşturan hastalığı, dünyevileşmedir. Ahiret için bu dünyada bulunduğumuz gerçeği git gide yerini sanki bu dünya için varmışız gibi inanmaya dönüştü. Mü'min erkekler ve mü'min kadınlar için bu hastalık aynıdır. Bir ikazın bize ahireti hatırlatması gerekirdi. Kehf suresi böyle bir ikazı ihtiva etmektedir.

O zamanki olay saray ile mağara arasında cereyan etmişti. Bugünün saraylarını ve mağaralarını keşfetmemiz lazım. Onların sarayı bizim evimiz, iş hayalimiz, diploma özentimiz, modern yaşam tarzımız veya bir başka herkese göre farklı olabilecek konu olabilir. Mağara da o zaman bir dağdaki mekândı. Bizim mağaramız da herkese göre farklı bir nokta olabilir. Cami olur, ıslah edilmiş ev olur, bir tarikat olur, medrese olur... Herkesin sarayı ve mağarası farklıdır. Ortak payda ise herkes için aynıdır. Herkese bir dünyevîleşme ve ahireti uzaklardaki hayal gibi görme hastalığı salgın olmuştur. Elimizin altındaki mağaraları da görmezden gelebiliyoruz.

Bu ümmetin genç kızları, gelenekleştirilmiş törenler arasında din öğrenme yerine Allah'ın lütfu ile bugünün Ashab-ı Kehf'i olmayı istemelidirler. Fiili bir mağaraya girmeden ama sonuç olarak Allah'ın rızasını yakalayacağı bir mağarada bu yaygın afetlerden kurutuluş aramalıdırlar. Herkes için farklı başlıklar olur ama akıbet bakımından varılacak nokta aynıdır. Kiminin düğünü bir saraydır. O saraydan sığınması gereken mağarayı tespit edecektir. O da Allah'ın Şeriat'ı olacaktır. Kiminin evindeki bozukluğu düzeltmektir bu. Kiminin içine düştüğü ahlâk zafiyetini düzeltmektir bu hamle. Bir başkasının ibadet eksikliğidir. Hepimiz kendimize göre oluşturduğumuz saraylardayız. Sarayın bina veya hayalet olması arasında bir fark yoktur. Bizi açılardan bir açıda dinimizin çizgisi dışına iten ne varsa o bir saraydır. O saraydı biz avunuyoruzdur. O saraydan kurtulup Allah'ı ve rızasını bulacağımız mağaraya intikal etmeliyiz. Nefsimizin uydurabileceği bin bir bahaneyi aşabilmemiz de bizim için bir cihat olacaktır. İnsanların ne diyebilecekleri, arkadaş ve çevre baskısı adı ne olursa olsun elbette bu intikal kolay olmayacaktır. Ashab-ı Kehf'inki de kolay olmamıştı zaten. Kolay olanın da değeri basit olur. Hepimiz sarayımızı tespit edip mağaraya intikale mecburuz.

Bu ümmetin kızının umut olması, ebeveyninin ateşten kurtuluş belgesi olması bunu ona mecbur etmiştir. Kur'an'ımızın asırlar öncesine ait bir olayı bize nakletmesindeki inceliği anlayamadıktan sonra kendimizi teselli ettiğimiz şu veya bu işimiz kurtuluşumuz olmayacaktır.

Bu maksadı Kehf suresinin âyetinde açıkça görüyoruz. Maksat tarih bilgisi edinmek değildir. Ne neden oldu, sonra nasıl sürdü ve sonunda ne olacak? Bilmemiz gereken budur. Âyeti bu maksatla tekrar okuyalım şimdi:

"Böylece biz, şehir halkını onların durumundan haberdar ettik ki, tüm insanlar Allah'ın verdiği sözün gerçek olduğunu, kıyametin şüphe götürmez olduğunu kesinlikle bilsinler. Fakat onlar meseleyi bu yönde algılamaları gerekirken, kendi aralarında mağaradakilerin durumlarını tartışıyorlar..."

Bu Ümmetin Kızına

Muhterem hocam,

Bizlere bu fırsatı verdiğiniz için teşekkür ediyorum.

Annem beni çocukluğumdan beri kız çocuğu olduğumdan aşağılayarak kardeşlerimden ayırarak büyüttü. Bu bende özgüven eksikliği doğurdu, insanlar arasında kendimi değerli hissedemiyorum ve sürekli aşağılanmış, kıymetsiz biri olarak görüyorum kendimi. Çocukluğumda yaşattığı sıkıntılar yetmezmiş gibi hâlâ, "elâlem okudu, evlendi, sen bir şey olamadın" diye baskı yapıyor. Akraba ziyaretlerini tamamen kestim. Özellikle annemle bir yere gitmek istemiyorum.

Üniversite okuyordum, sınıfta kaldım ve moral bozukluğundan şu an tamamen bıraktım okulu. Yaşamak istemiyorum, yaşayacak sebep bulamıyorum, intiharı çok düşünüyorum ama tek sebep dinimizce yasak olması. Dualarım, "yaşamam hayırlıysa sebep ver, ölümüm hayırlıysa imanlı bir şekilde al canımı Allah'ım" şeklinde.

Anne-babam zamanında üç çocuk aldırdılar hocam. Şimdi dört kardeşiz. Bizi de aslında yaşatmak istemediklerini, gösteriş için kendi çıkarları uğruna yetiştirdiklerini düşünüyorum. Çocuk aldırırken bilmiyorlardı kim olduğunu, o çocuk bende olabilirdim. Kardeşlerimden birisi en ufak bir hata etse hemen beddua ediyorlar. Adeta cehennemi yaşıyoruz evde.

Anne-babaya itaat, saygı diye sabretmeye çalışıyorum ancak sabrımın taştığı yerler oluyor ve bu da beni çok üzüyor. Ailemden uzak yaşamam daha mı iyi olur yoksa bir an önce evlenmeli miyim?

Ne yapmam, nasıl dua etmem gerekir?

Kızım, yazını okudum ama seni ayıpladım doğrusu; Müslüman genç bir kız olarak neden kendini anne-babana göre ayarlıyorsun? Sen onların kızısın ama Rabbinin kulusun, değil mi? Kendini Rabbine versene! O okyanuslardan daha engin rahmete koşsana kızım. Hiç durma, sal kendini Rabbinin denizine, bak ne büyük huzur yakalayacaksın. Gecelerin gündüz gibi olacak. Ruhun huzur bulacak. Sen okyanusun kenarında bir bardak suya aldanıyorsun. Anne-babanı üzmeyecek durumda ol. Böylece sen onlardan alacaklı duruma geç, büyük muhasebe gününde onlar seninle helalleşme peşinde olsunlar. Kazanan sen olursun.

Ardından da dünyanı genişlet. Dünyanın bir çekirdek kadar kalacağı büyük iman vadilerine açıl. Kitap oku, tefekkür et. Şiir yazmaya çalış, roman yaz. 'Güzel Anne' başlıklı bir hikâye yaz. Çok Kur'an oku. Bir ilim halkasına katıl. Dua et. Darlandığın zamanlarda ser seccadeni dal namaza; kıl, kıl ve kıl. Kanatlandığını hissedeceksin o namazlarda. Evlenme vaktin gelince de evlen ama körü körüne olmasın evliliğin. İstişare ederek evlen. Yaşadığın sıkıntılarını alet edip seni sömürebilecek bir erkeğin tuzağına düşmeyesin.

Senden iyi haberler bekliyorum. Sıfırla kendini ve yoluna devam et kızım. İmanın sana yeter, hiç korkma sakın!

Bu Ümmetin Kızına

Muhterem hocam,

17 yaşındayım, sağlık meslek lisesi-hemşirelik bölümü mezunuyum. Elhamdülillah, tesettürlüyüm.

Haftada üç gün lise, 3 ve 4. sınıfta hastanelere staja gittik ve hastanelerin nasıl yerler olduğunu gördük. Hastanelerde ortam ahlak yönünden o kadar kötü ki içine girmeyen bilemez. Biliyorsunuz, erkek hemşireler de iyice arttı ve hemşireliğin gece nöbeti var, yani elin oğluyla, kocasıyla bir bayan hemşire gece nöbetine kalıyor. Bu çok riskli bir durum değil mi hocam? Mesela sabah bir gidiyoruz, hepsi birlikte oturmuş kahvaltı ediyorlar, gülüşmeler... Zaten gıybetin alası yapılıyor, şahit oldum. Resmiyet zaten yok; herkes birbirine ismiyle sesleniyor. Aralarında hiç mi edeplisi, beyefendisi hanımefendisi yok derseniz, olmaz mı, var ama az.

Hastalar zaten ayrı, mesela bir tansiyon ölçerken yüzünü diğer tarafa çeviren edepli, hayâlı hastamda oldu, yüzüme dik dik bakan, inceleyen hastamda. Her gün eve gider anneme-babama anlatırdım bu yaşadıklarımı. Öyle insanlar her yerde var filan derlerdi.

Lise 3. sınıfta staj ödevlerimi yaparken radyo dinlerdim, sizi de o zamanlarda dinlemeye başladım. Sizden ve diğer hocalardan bayanın asıl görevlerinin ne olduğunu yani ne olması gerektiğini çok duydum, kendimi o konuda bilinçli hissediyorum. Kendimi dinî yönden geliştirmek istiyorum, bu yüzden anneme ve babama üniversiteye gitmek istemediğimi, hemşire olarak çalışmak istemediğimi bir kursa gidip dinî ilim öğrenmek istediğimi söyledim. Annem bana destek oldu ama babam(sınıf öğretmeni) "senin beynini kim yıkadı, düşüncelerin nasıl böyle değişti" dedi. "İlerde kötü, işsiz güçsüz biriyle evlenirsin başını duvarlara vurursun, o zaman anlarsın" vs. diyor.

Hep olumsuz, umutsuz konuşmalar... Babam her gittiği yerde beni anlatıyor; yok okumayacakmış da çalışmayacakmış da benim zorumla çalışacak da... Hep "milletin çocukları..." diye başlayan ifadelerle kıyaslanarak büyüdük, hâlâ da öyle. Çok ağladım ve bu karışık düşünceler beni bitirdi. Şöyle olsaydı şöyle olurdu, böyle olsaydı böyle olurdu diye düşünmekten kurtulmak istiyorum. Demek ki hakkımda hayırlısı bu diye tüm kalbimle inanmak istiyorum, şimdi üniversiteyi sağlıkla ilgili iki yıllık açıktan bir bölüm okumamısöylüyor babam. KPSS'ye girdim. Kasımda kadrolu atama var, tercih yapacağım inşallah.

Nureddin hocam, ben yukarıda anlattığım hemşireler gibi olmak istemiyorum. Onlara benzemek istemiyorum. Ne yapmalıyım? Doğru yoldan ayrılmamak için Allah'a dua ediyorum, benim böyle çalışma arkadaşlarıma, böyle insanlara karşı tavrım ne olmalıdır, nasıl bir yol izlemeliyim? Hemşirenin çalışma saatleri genelde sabah 8-akşam 4. Kendimi dinî yönden geliştirmek için kalan boş zamanlarımı nasıl değerlendirmeliyim? Nasıl bir program yapmalıyım kendime?

Kıyafetimizde lacivert pantolon, beyaz forma, bir de başörtü. Formamın uzunluğu dizlerimde olsa olur mu ve başörtüyü de iş yaparken engel olmasın diye formanın içine kattırıyorlar, bunda bir sorun olur mu?

Hemşire hanım,

Rabbimden size sabır diliyorum.

Şu fani dünyada, bizim imtihan edilmediğimiz bir an ve bir iş asla yoktur. Her an imtihan durumundayız. Siz de bayanlığınızla, mesleğinizle ve ailenizle imtihan ediliyorsunuz. Sabredip sebat ederseniz kazanacaksınız. Yılıp çekilirseniz de kaybedeceksiniz.

Size kısaca tavsiyelerimiz şunlar olur:

1- Babanızla asla tartışmamaya gayret edin. Onun sözleri ve tavırları yanlış da olsa o, babalık mevkiinde durmaktadır. Onunla tartışmak size güç ve bereket kaybettirir. Onun da zamanla gevşeyeceğini kesin bilin. O, aklınca sizin iyiliğinizi düşünüyor. İlkeniz şöyle olsun: Hak bildiğinizi yapacaksınız ama baba ile tartışmayacaksınız. Tartışmak zorunda kalırsanız da nazik olacaksınız.

2- Hemşirelik mübarek bir meslektir. Bilhassa bayanların hemşire olması gerekmektedir. Bu nedenle bayanların hemşire olmasını ve hemşire olarak çalışmasını uygun iş olarak görüyoruz. Şu anda yaşadığımız topraklarda hemen hemen hiçbir meslekte olmadığı gibi, hemşirelik mesleğinde de helal-haram kaidelerine göre çalışmak mümkün değildir. Ortada inşallah geçici diyebileceğimiz bir zaruret vardır. Bu nedenle hemşireliği prensip olarak gerekli görüyoruz. İcra edilirken de zaruret kurallarına göre icra edilmesi gerektiğini söylüyoruz.

3- Hemşireliğin sözünü ettiğiniz ve benim, diğer meslek erbabından öğrendiğim ağır şartları, kişiyi harama sürükleyebilecek sıkıntıları vardır. Bu sıkıntıların esası, kadının mahremi olmayan erkekle bir arada bulunması, onun bedenine temas etme durumu gibi sakıncalara dayanmaktadır. Mesleğin bu boyutunu tamamen ortadan kaldırmak şu şartlarda mümkün gözükmemektedir. Zira bu sıkıntı dediğimiz durumların bir kısmı, mesleğin gereklerinden kaynaklanıyor. Bir kısmı da hemşirelerin lakaytlığından kaynaklanmaktadır. Hemşirenin dikkat etmesi durumunda bunlarınönemli bir bölümünden kurtulması mümkündür. Mesele hemşirenin böyle bir derdi olup olmamasında kilitlenmektedir.

Hemşire olarak çalışacak bir bayanın dikkat edeceği temel sıkıntılar ve çözüm şartları olarak şunları sayabiliriz:

✓ Gece çalışmasını kaldırabilir veya asgarîye indirebilir. Artık erkek hemşireler de bulunmaktadır. Ülkemizdeki şartlar ve gelişmeler açısından ileriki dönemler için de olsa bayanların gece nöbeti gündüze kaydırılabilir. Biliyorum, hastane şartlarının buna müsait olmayacağı söylenecektir. Kabul ederim, hastane şartları istendiği gibi ayarlanamamaktadır. Şu da bir gerçektir ki, böyle bir istek de bugüne kadar resmen öne çıkarılmamıştır. Hastane şartları diye bir maskenin arkasına gizlenince taviz normal kabul ediliyor. Sağlık çalışanları ekonomik istekleri için neler yapabiliyorlar, görüyoruz; dinî hassasiyetleri için neden yapılmasın?

✓ Halvet yani yabancı bir erkekle kapalımekânda baş başa kalma durumu olmamalıdır. Bu kural, hemşirenin taviz vermeyeceği bir kural olmalıdır. Üçüncü bir kişiyi bulundurma, kapıyı kapatmama gibi titizliklerle halvet engellenebilir. Doktorlarla ve hastalarla ya da diğer sağlık personeliyle halvet tehlikesi en önemli tehlike olarak durmaktadır.

✓ Temas olmamalıdır. Hemşirenin eli, doktor veya hastanın eline değmemelidir. Bu elbette, 'olmasın' demekle kaldırılabilecek bir sıkıntı değildir. Bunu kabul ederiz ama hemşirenin gereksiz tokalaşmalarının da olmayabileceğini, en azından işini yaparken bir eldiven kullanmayı ilke edinebileceğini de söylüyoruz.

Hemşirelerin, üzerlerindeki resmî hemşire kıyafeti olarak giydikleri kıyafetleri çekicidir. Bedenin teşhiri, daha cazip duruma gelmesi söz konusudur. Bu da hemşirelerin dikkat ederek azaltabilecekleri bir sorundur. Mesela daha geniş giyinebilirler. Dökme bir kıyafetle dar bir kıyafetin aynı etkisi olmayacağı açıktır. Yüz bakımı yapmayabilirler. Bir bayanın neye dikkat ederek kıyafetini daha az çekici yapabileceğini kendisi belirleyebilir.

Hemşirelik mesleği, güleryüzlü ve tatlı dilli olmayı gerektiren bir meslektir. Müslüman bir kadın bu işi yaparken, tebessüm edeceği yer ve kişileri adeta cımbızla seçmelidir. Bir bayan hastaya tebessüm edebilir, etmelidir de. İleri yaştaki erkek bir hastaya da tebessüm edebilir. Genç bir erkek hastaya ise gereği kadar ve ciddi konuşmalıdır. Bunu şu şekilde özetleyebiliriz: Hastane koridorlarında bahar çiçeği gibi açan bir hemşire olmak veya mesleğini titizlikle icra eden bir sağlık görevlisi olmak, kişinin kendi iradesi ile belirleyip uygulayabileceği bir durumdur. Bunu da herkesin imanı ve Allah korkusunun seviyesi belirleyecektir.

Dikkat ederek yol almaya devam edin. Yılmayın, sabırsız olmayın. Allah yardımcınız olsun.

Bu Ümmetin Kızına

Bir bayan, evliliğin kendisi için farz olduğunu nasıl anlayabilir ve bunu ailesine nasıl anlatabilir? Bunu anlasam da aileme anlatmaktan çok çekiniyorum.

Çünkü babam benim hakkımda, "kızımı bir ordunun içine bıraksam kendini koruyacağına inanırım" diyor. Çok utanıyorum aileme aksini söylemeye. Ayrıca benimle evlenmek isteyen ahlaklı ve imanlı bir genç var ama ailem, annesi çarşaflı ve babası sakallı, köylü insanlar diye buna müsaade etmedi.

Kendilerine yakıştıramazlarmış, çevremiz bizi ayıplarmış. Aileme yeniden konuyu açsam ve yine müsaade etmezlerse onlara rağmen o kişiyle evlilik yoluna girmeli miyim?

Allah razı olsun sizden.

Evlilik, acıkma gibi tabiî bir ihtiyaçtır. İnsan nasıl acıktığını, susadığını hissederse evlenme ihtiyacını da hisseder. Daha önce ilgisini çekmeyen cinsel konular dikkatini çekmeye başlar. Belli bir insana aklı takılır, gönlü ısınır. Sabrı azalmaya, sinirleri gerilmeye başlar. Hatta görme kaybı bile yaşamaya başlayabilir. Böyle bir durumla karşılaşmanın da azı/çoğu olabilir. Bu aza/çoğa göre de farz olma oranı belirlenir. Artık iyice gerekli hale gelen evliliğin ertelenmesi, kişiyi zinaya doğru sürükleyebilir. Zina tehlikesi baş gösterdiğinde evlilik, vakti geçmekte olan bir namaz gibi, hemen farz durumuna gelmiş bir görevdir. Böyle bir durumda ne anne-baba ne de örf dikkate alınır, hemen evlenmek gerekir. Hatta böyle bir durumdaki mü'min, evlenmek için aradığı kriterlerden bile vazgeçer ve evlenir. Dinen durum budur. Akıl da bunu emreder.

Sizin durumunuzun son noktaya doğru ilerlediğini zannediyorum. Evlenme vaktiniz gelmiştir.

Durumu öncelikle annenize bu şekilde anlatın. Gerekiyorsa ona bu yazıyı gösterin. O da babanızla istişare etsin. Sonuç vermezse bu tutum, aile büyüklerinizden biriyle mesela teyzenizle devreye girin. O da sonuç vermezse, baba veya annenizi karşınıza alın ve alenen sizin evlenmenizin Allah'ın emri olduğunu, kendinizi tehlikede hissettiğinizi anlatın. Asla utanmayın, asla! Hiçbir ayıp zina kadar çirkin olamaz. Ortada bir seviyesizlik varsa onu hazırlayan babanız olmuş olur. Siz bu şekilde yapın.

Buna rağmen babanız evlenmenize izin vermezse, dedeniz gibi ikinci bir büyüğünüzle evlenme sürecine girebilirsiniz. Onu tekrar yazışırız.

Sakın bu arada kaçak/gizli bir iş yapmayın. O hakkınız değildir. Öyle bir iş yaparsanız, helali bulandırırsınız en azından.

Sabırlı ve nazik bir tutumla bu süreci çözmelisiniz. Size dualar ederiz.

Bu Ümmetin Kızına

Kıymetli hocam,

Sohbetlerinizi ve çalışmalarınızı yakından takip ediyor, etrafımızdaki insanlara tavsiyelerde bulunuyoruz. Eşim ve benim sizden öğrendiğimiz, öğreneceğimiz çok şey var.

Sorum şu: Sohbetlerinizde kadınlara yönelik haklardan bahsediyorsunuz. Onların örneğin kayınbaba veya kaynanaya bakmak gibi bir zorunluluğu olmadığını anlatıyorsunuz. Bunların bilinmesinde bir sıkıntı yok; sıkıntı şu ki kadınlar kendilerinde böyle hakların olduğunu öğrenince bunu kullanabiliyorlar. Benim böyle bir şeyi yapma zorunluluğum yok, deniyor. Ben ise itaat etmesi gereken bir kocası olduğu için hemen kestirip atmaması gerekir diye düşünüyorum. İş sadece bu bilginin bilinmesiyle alakalı olmasa gerektir.

Okumak ve toplumun ahlakını, kültürünü göz ardı etmemek gerek. Bir Müslüman olarak insanların kalpleri İslam'a ısındırılsın diye kendi haklarımızdan vazgeçtiğimiz zamanlar oluyor. Kadınlar bu anlamda erkekler gibi bakamıyorlar İslam'a. İlimlerini ve sorumluluklarını artırınca bu değişebiliyor tabiî. Müslüman olduğumuz için bireysel düşünmememiz ve hareket etmememiz gerekir.

Kadınlar bilmedikleri bu haklarını öğrendiklerinde nasıl davranmalılar, emir ve itaatle karşılaştıklarında ne yapmaları gerekir? Erkekler bu hakları nasıl uygulamalı ve değerlendirmeliler? Bunu onların haklarını ellerinden almak için değil orta bir yolu bulmak için soruyorum.

Çünkü biz Allah'ın rızasını kazanmaya ve ona göre hareket etmeye çalışan bir aile olmak için uğraşıyoruz. Rabbim çalışmalarınızın bereketini artırsın, ailenize rahmet etsin.

Aziz kardeşim,

Sizinle sınırlı olmayan bir sıkıntımızı dile getirmişsiniz. Doğrudur; kadınlarımız, lehlerine olacak bir hükmü iyi değerlendiriyorlar. Buna itiraz edilemez. İtiraz edilemez bir gerçek de erkeklerin de lehlerine olan bir hükmü iliklerine kadar kullandıkları vakıası değil midir? Ortada acı bir hakikat var. O hakikat şudur: Erkekler ve kadınlar olarak, dinimizi kendimize doğru yontmaya çalışıyoruz. Neredeyse din öğreten hocalarımızdan, özele sipariş verecek hâle geldik. Hocalarımız da şunu üzmemek bunu incitmemek üzere konuşur oldular. Yakın zamana kadar, laik devletin cenderesine takılmadan konuşma titizliği olurdu. Hocalar, cemaatin içinde polis, istihbaratçı olur diye endişe ederlerdi. Şükürler olsun, o geçti. Şimdi ise kadınların kabul etmeyeceği, erkeklerin tepki göstereceği şeylerden endişe edilir oldu. Neredeyse sevgili Peygamber aleyhisselam Efendimiz'i, feminizmin kurucusu durumuna getirecekler. Vallahi yanlıştır bu. İslam bu değildir. Mü'min de böyle değildir. Ağlanacak bir durumdur bu. Erkeklik adına, hocalık adına utanıyorum bu görüntüden. Zalimliği teşvik eden erkeği de kadınlaşmış görünmekte beis bulmayan erkeği de iğrenerek izliyorum. Sıradan birini de hoca vasıflı birini de; dengede ve adilce durmadıkça kim olursa olsun, nerede olursa olsun, tamamından uzaklığı tercih ediyorum. Son senelerde, Türkiye Cumhuriyeti devleti ve devlete ait makamlardan birini temsil edenler adeta kadınları binlerce yılın intikamını almaya teşvik etmektedirler. İnsanın yapacağı kanunun, nizamın sonu budur işte. Erkek zulmediyor diye kırbacı kadına verirler, kadın zulmeder. Bir zaman sonra tekrar erkek devralır nöbeti. O zulmeder bu sefer. Dönmedikçe Allah'ın kitabına, olacak olan budur. Keşke iman üzere yaşayıp ölmek isteyenler olarak, bu durumlara düşmeseydik. Keşke derdimiz sadece Siyonizm olsa idi!

Aziz kardeşim,

Bütün bunlara rağmen, birisi yanlış anlayacak diye, Allah'ın Şeriat'ını eksik veya bize ayarlanmış olarak anlatamayız. Böyle bir hata, Yahudileşme hastalığının belirtisidir. Yahudi hahamları da böyle yapıp ellerindeki dini muharref hâle getirip helak oldular. Allah'ın, meleklerinin ve peygamberlerinin lanetine müstahak oldular. Din ortadadır. Dinin kaynakları olan Kur'an'ımız ve Peygamber aleyhisselamın hadisleri de elimizdedir. Erkek veya kadın herkes, dinine bağlılık imtihanındadır. Şeytan da tamamını reddettiremediği dinin, neresinden küçük de olsa bir taviz kopartabileceğine bakmaktadır. Herkes nefsi ve dini ile başbaşadır. Çevre baskısı, cinsiyet baskısı, kültürel hatalar, bilmezlik gibi nedenler dinimize aykırı olmamızın, aykırı bir iyi benimsememizin meşru gerekçeleri olamaz. İmtihandır bu; kim ne kadar teslim olacak, onu görmesi gerekiyor Allah Teâlâ'nın. Zevklerimize aykırı düşse de babalarımızı, çocuklarımızı, malımızı karşı cepheye atma pahasına da olsa Şeriat'ımıza teslim olmamız imanımız gereğidir. Beğen beğen al, markette olur, dinde olmaz. Özel zevklerimizi, kinimizi, basit menfaatlerimizi feda edemeyecektik de ne günün Müslüman'ı olacağız? Birbirimizi ayıplamayalım. Erkekler kadınlara, kadınlar da erkeklere gülmesin asla. Eğer kadınların böyle bir zafiyetleri varsa, bundan herkesten önce erkekler ve hocalar mesuldür. Kadınlara din diye sadece abdesti öğretip, Kur'an'ı, bütün âyetlerine canlar vereceğimiz bir kitap olarak öğretemedilerse şimdi kadınlara itiraz etmemelidirler. Tesettürü giyinmenin adı olarak anlayanlar daha fazlasını beklememelidirler. Topluca Allah'a, kitabı Kur'an'a dönmedikçe bu bocalama devam edecektir.

Aziz kardeşim,

Ben çocuklarıma şunu telkin ediyorum ve onlar da benim kimliğimden, uygulamalarımdan şunu görüp anlıyorlar: 'Akşam olunca herkesin odasına çekilip yalnız kaldığı bir dünyada hasret giderilebilir mi hiç? Biz hasretimizi, güneşi batmayan, gecesi olmayan diyara saklayalım. Bir buluşalım, bir daha ayrılmayalım. Gece geç saat oldu, herkes yatağına çekilsin denmeyecek bir yerde asırlarca sürecek bir oturum yapacağız. Yiyeceğiz, yediğimiz dert olmayacak. Konuşacağız, konuştuğumuz sıkıntı vermeyecek. Her baktığımız helal olacak. Dostluğa doyacağız. Sevmeye hasret kalmayacağız. Başımız ağrımayacak, gözümüz yaşarmayacak inşallah. Herkes hasretini o zamana saklasın. Şimdi buralarda oruçlu mü'min gibiyiz. Susarız, acıkırız ama iftar vakti gelmeden yemez içmeyiz. Bir iftar edersek, ne muhteşem sofralara oturacağız, Allah'ın izniyle. Aç kaldığımıza, susuzluktan dudaklarımızın çatlamasına değecek, hem ne değecek!'

Aziz kardeşim,

Sakarya uzak yer değil, gelin ailece tanışalım, birbirimizle dertleşelim.

Ümmetin Kızına Kimlik Bilgileri

1
Tevhid Ehlisin

Tevhid ehli yani *lâilâheillallah Muhammedu'r-Resûlullah* demiş olman her işinde iman ettiğin Allah'ı ölçü almanı gerektiriyor. Mü'minsin, mü'min Allah'a göre yaşar ve ölür. Hayatın neresinde olursa olsun, o anın ve o kesitin ne kadar 'Allah'a göre' olduğunu incelemeni gerektiriyor. Bunun genel adı da ibadettir. Her ne kadar ibadet, namaz gibi bazı işlere verilen bir isim ise de asıl anlamı kulluk şuurunda olmak demektir.

İşini Allah için yap. Yaptığında ihlas olsun. İhlas, Allah'tan başkasını amaç edinmemek demektir. Bunun aksi de şirktir. Şirk, Allah için yapılacak bir işe başkalarını amaç olarak katmaktır. Ağırlığına göre de günahı, açtığı uçurumu büyür.

Riyadan kaçın.

Tevhid ehli olmanın en tabiî gereklerinden biri de Resûlullah sallallahu aleyhi ve selleme şartsız uymaktır. İbadetleri onun ibadetlerine benzetmek, onun emirlerine teslim olmak, yasaklarından kaçınmak imanın tabiî gereğidir. Buna **sünnete ehil** olmak ya da ehl-i sünnet denir.

Tevhid ehli olduğun için yaşantını imanına göre belirlediğin gibi dilindeki günlük zikrin de tevhid üzere olmalıdır. Saatli-saatsiz her zaman *lâilâheillallah* de.

Sen tevhid ehlisin, dostun-arkadaşın da tevhid ehli olmalıdır. Aksi takdirde koruyamayacağın bir değeri taşımış olabilirsin maazallah. İman, kimsede garantili kalıcı değildir. Basit zannettiğimiz bir sebepten gidebilir.

Şeytan, babamız Âdem aleyhisselam ile savaşmaya başladığından beri imansız insanların bulunması için uğraşmaktadır. İmanını koruyan her mü'min onun düşmanıdır. Mü'min imanını korumadıkça da Allah ona yardım etmez. Şeytan asırlardır tecrübe biriktiriyor. Haçlı orduları diye bildiğin savaşlar onun planı idi. İç savaşlar, katliamlar onun planı idi. Ebrehe'ye Kâbe'yi yıktırma planı da onundu. Var olduğu günden beri her mü'minin imanını kapmaya çalışır. Bu yaşadığımız zamanda ise şeytanı çok farklı renklerde görüyoruz. Neticede iman hırsızlığı yapıyor ama haçlı ordularının yerine bu kez fitne orduları kurdu. Büyük ve aktif fitne orduları ile iman kapma savaşı veriyor. Akşam evine mü'min giren birini imansız olarak evinden çıkarmak istiyor. İşine mü'min olarak giden biri imansız dönsün istiyor. Bunun adı fitnedir. Dönem fitne dönemidir. İmanını koruyacaksın.

Allah, Peygamber aleyhisselam, ashab-ı kiram ve ümmetin bütüne karşı süslenmiş sözlerle yapılan saldırılara kanmayacaksın ki imanını korumuş olasın. Şeytan her gün yeni bir saldırı türü geliştiriyor. Her gün farklı bir taktik güdüyor. Mü'min olmak uyanık olmak demektir. Şunu hiç unutmayasın: Açık iman hırsızını kolay kolay göremeyeceksin. Senden ve senin gibi zannettiklerinden kork!

2
Namaz Hayatındır

Hiç esnetmeyeceğin, taviz vermeyeceğin ibadet namazdır. İmandan sonra ve imanı canlı tutan en büyük ibadettir namaz. Hayatını namaza göre düzenle. Namaz kılanla dost ol. Namaz kılanla evlen. Namaz kılanan eve misafir ol. Namaz kılanı misafir et. Yemeğini namaz kılanla ye. İkramını namazlıya yap öncelikle. Namaz kılanla komşu ol. Namazın kılındığı caminin yakınındaki evde otur. Namazla Rabbinden yardım isteyeceğini bil.

Bunun için de namazın inceliklerini çok iyi öğren. Namazla ilgili fıkıh bilgilerini muhakkak öğrenmiş ol. Eskimeden güçlendir bilgilerini.

Geçmişte kılmadığın namazların varsa onları kaza et. Kaza etmediğin her namaz senin için ahiret sıkıntısı demektir, bunu unutma.

Namaz vaktinde kılınır. Ezan okununca namaz heyecanı taşırsan namaz da seni miraca yükseltir. Ezan seni hareketlendirmelidir. Namazı sevmeli, namazın sembolü olan camiyi sevmelisin. Sık sık cami ziyareti yap. Ama bu ziyaret turistik olmasın, namaz kılmak için olsun.

Namazın altyapısı taharet ve abdesttir. İyi bir taharet ve abdest iyi bir namazın ön şartıdır. Namazı ciddiye aldığını taharet ve abdestte göster. Şu kadar ki bunu bir vesvese konusu yapma. Çağımız kadınlarının en ağır sıkıntılarından biri temizlik etrafında yoğunlaşan bir vesveseye düşmeleridir.

Namaz huşu ile kılınır. Huşu şu demektir: Allah Teâlâ'nın huzurunda olduğunu bilmek ve gereği gibi saygı ile durmak. Huşu dünyevî işlerle beraber gider, yerine meşgale bırakır. Buna dikkat et.

Namaz denince sorumlu olduğun farzlardır. Onlarda eksik bırakma. Farzların dışındakilere nafile denir. Nafileler ne kadar kılarsan o kadar ecir kazanacağın ahiret fırsatlarıdır. Ona göre nafileye de vakit ayır. Nafile ibadetlerden en az birini ömrün boyu terk etmemeye karar ver. Mesela işrak namazını kıl.

Zekât namazın ikizi gibidir. Bedeni namazla, malı da zekâtla terbiye ederiz. Fıkıh kurallarına göre zekât verecek durumda olunca evli veya bekâr ya da öğrenci ol, zekâtı görevin bil.

Farz olmadan verilen sadaka da büyük bir kazanç kapısıdır. Sadaka, Allah için bir şey vermektir. Bu para olabilir. Bedensel bir yardım olabilir. Karşındaki mü'min bacına tebessüm olabilir. İnsana ve canlıya yararı olan her şey sadakadır. Dolayısıyla öğrenci de olsan, fakir de olsan sadaka kapısı sana da açıktır. Sadaka veren olmak için didin. Alan olmamak için dikkat et.

3
Oruç Tut Genç İken Haccet

Her yıl Ramazan ayında oruç tutmak iman gereğidir. Öğrencinin imtihanı, havaların sıcak olması, başının ağrıması gibi nedenlerle orucu ihmal etme. Oruç ihtiyarî bir iş değildir. Mü'min için şarttır. Sonraya erteleme gibi bir hakkımız da yoktur. Ağır hastalık ve hamilelik gibi durumlarda ertelenebilir ki, böyle bir durumda fetva alarak orucu ertelersin.

Oruç yemek yememek ve cinsel ilişkiye girmemek demektir. Yemek içmek anlamı taşıyan şeyler de oruç bozar. Bunları muhakkak bir ilmihâlden tespit edeceksin.

Yaşadığımız çağda insanlar, özellikle Hristiyanlar'ın dinlerini sulandırdığı gibi ibadetlerimizi sulandırmaya başlamışlardır. Ramazan ayı ve orucumuz ashab-ı kiram için yabancı olan yeni bir şekil almaya başladı. Orucun iftarı sahurundan daha cazip oldu. Ramazan bereket ayı iken israf ayı yapıldı. Ramazan ayında teravih bir nevi eğlence gibi görülebilir oldu. İnsanlar Allah için yaptıklarını söyledikleri bir işi birbirlerinin gözüne sokmak için yapar oldular. Sen kendini bu gidişattan kurtar. Hedefin şu olsun: Ashab-ı kirama en yakın olanı yapmaya çalışacaksın. Onlardan uzaklaştıkça bir iş, sen de o işten uzaklaşacaksın. Kimsenin gönlüne göre ibadet olmaz. ibadet Allah'ın rızası için ve Peygamber aleyhisselamın Sünnet'ine göre olur. Birilerinin ne diyeceği düzeyini aş ve bu kaliteye doğru yürü.

Yalnız orucun bir de manevî yani gözle görülmeyen boyutu vardır. Bu da manevî hatalardan onu korumaktır. Gıybet, dedikodu, yalan ve benzeri çirkin işler yemek yeme gibi orucu alenen bozmasa da tutulan orucu akşam olmadan eritip bitirebilir. Orucu bu ve benzerlerinden de korumak zorundasın.

Hac da gençken yapılacak bir ibadettir. Hacca gidebilecek imkânın varsa onu erteleme. Evlenmek, okuldan mezun olmak gibi üç günlük dünya işleri yüzünden ebedî cennet yolunu uzatma. Hac biiznillah kestirmeden cennete yürümektir. Kaçmaz bir fırsattır.

Hacca gitmek sana nasip olduğunda bavulundan önce zihnini ona hazırla. Arafat'taki vakfeyi mahşer provası gibi görmeye hazırlan. Yüzyıllarca kullanacağın kadar dua etmeye hazırlan. Meleklerle kucaklaşmaya hazırlan.

4
Özel Konu
Senin Özelin

Ayhâli durumu kadınlara mahsus özel bir durumdur. Erkeklerin böyle bir yapısı yoktur. Dolayısıyla mü'min kadının, erkekten farklı bir yönü olduğu için bu 'ayhâli/hayız' hakkındaki fıkıh bilgisi özellikle kadınlara mahsus bir durumdur. Bir mü'min erkek bu husustaki fıkıh bilgilerine vâkıf olsa onun için farz olmayan bir bilgiye erişmiş olur ama mü'min kadının hayız bilgisine vâkıf olması farzdır. Namaz ve oruç nasıl farz ise hayız bilgisi de o şekilde farzdır. Namaz gibi büyük bir ibadet kadın açısından bu bilgiye bağlıdır. Oruç da bu bilgi ile bağlantılıdır. Aynı şekilde hac ve umrenin bağlantısı vardır bununla. Evlenip yuva kurmaya varıncaya kadar pek çok konuda hayız senin gündemindir. Bunu ciddiye alman imanın ve mü'min kimliğin açısından önemlidir.

Kızların ayhâli olması, Allah'ın Âdem aleyhisselamın kızlarına yazdığı kaderidir. Mü'min kız ayhâli olmayı ne bir meziyet ne de eziklik nedeni görür. Bir insanın gözü ve kulağı olması ne kadar doğal görülüyorsa kadının böyle yaratılmış olmasını da öyle görmek gerekiyor. Bunun ötesinde, kadının ayhâli olmasının Allah Teâlâ'nın hikmetlerinden hangisine dayandığını da bilmiş değiliz. Genç kızların bunu içlerine kapanma ve bir tür ayıplanma konusu şeklinde algılamaları hatadır.

Evet, ayhâli olmayı uluorta konuşup teşhir etme düzeyinde de görmemek gerekir. Neticede bayanlara mahsus bir durumdur. Bu erkeklerle rahat konuşulacak bir durum olamaz. Kızlar arasında da edep sınırlarının zorlanmaması gerekir.

Aybaşı ve tıp çok sık bir araya gelen kelimelerdir. Bayanlar bu husustaki farklılıklarını uzman doktorla görüşmekten kaçınmamalıdırlar. Ayhâli durumu, muhakkak bir ilmihâl kitabından okunup not tutularak temel bilgi durumuna getirilmelidir. Genç yaşlarda güzel öğrenildiğinde ömür boyu güvenli ibadet yapılmış olur.

Ayhâli durumunun üç günle on gün arasında sürmesi doğal olandır. Üç günden az veya on günden fazla olduğunda bu bir özür hâli kabul edilir. İlmihâllerde **istihaze/ özür hâli** başlığı altında bu durumdaki bir kadının ne yapacağı okunmalıdır. Aynı şekilde kanamadaki kan rengi ve şekli de her ne kadar tecrübe ile öğrenilecekse de bu hususla alakalı sağlıklı bilgiyi önceden bilmek gerekiyor.

Kadınlar ayhâli günlerinde:

— Namaz kılmazlar. Oruç tutmazlar. Temizlendikten sonra kılmadıkları namazları kaza etmezler ama tutmadıkları oruçları rahat bir zamanda diledikleri şekilde kaza ederler. Bu dönemlerinde namaz ve oruçla alakalı hüküm onlar açısından seçmeli değildir, namazı ve orucu mecburen terk edeceklerdir. Ashab-ı kiramdan itibaren mü'min kadınların tatbikatı böyledir. Bunu tartışmak ashab-ı kiramın bize din aktarma sadakatini tartışmak olur. Bu tür tartışmalara asla girmemelisin.

– Kur'an okuyamazlar. Kur'an'ın yazılı hâli olan Mushaf'a el süremezler.

– Camiye giremezler. Kâbe'yi tavaf edemezler.

– Eşi ile o günlerde cinsel ilişkide bulunamazlar.

Bunların dışında ayhâli durumu günlük hayatı etkilemez. Yaptığı bütün işlerini yapmaya devam eder. Bu durumu bir uğursuzluk, kirlilik gibi görmez. Zikir yapabilir. Dua edebilir. İlim meclislerine katılabilir. Sözgelimi yemek pişirir, sofrada yiyebilir. Bunların hiçbirinde bir eksiklik görülmez.

Hüküm ve uygulama açısından ayhâli durumu ile aynı, kadına mahsus bir başka durum da lohusalık/nifas hâlidir. Doğum sonrasına ait bir durum olarak lohusalık en çok kırk gün kadar sürebilir. Azı ile alakalı bir sınır yoktur ama kırk günden fazlası özürlü durumda olmak demektir. Bununla alakalı hükümler öğrenilmelidir.

Lohusalıktaki yasaklar ayhâli/hayız hâlindeki yasaklarla aynıdır. Orada ne yasaktıysa burada da o yasaktır.

5
Bakımlı Ol Tabiî Ol

Aynan olsun ama aynadakine tapınma. Faniliğini unutma. Güzel ol ama güzelliğin seni sömürmesin. Başından ayağına kadar bütün bedenin sana Allah'ın emanetidir. Sen kendini yaratmış olmadığına göre sen, yaratanın kim ise onun murat ettiği gibisin. Onun murat ettiği gibi kaldığın sürece onun rızası ile yaşarsın. Yana kaydığında ise onun rızasından koparsın. Güzel kal, güzel giyin; güzelliğini koruman bu ümmetin mü'min kızı olmana engel değildir. Bu ümmetin mü'min kızlarının bakımsız olması gerekiyor diye bir sapık kural da yoktur. Yeter ki her şey tabiî olsun, dengeli olsun.

Örnek olması açısından tırnaklarını inceleyebilirsin. Bu zamandaki insanlar şöyle düşünüyorlar: Tırnaklar benim parmaklarımın tırnaklarıdır, keserim veya büyütürüm. Bu ümmetin kızı ise tırnak kesmeyi bu ümmetin bir fıtrat bakımı olarak gördüğünü, tırnak kesmenin şart olduğunu anlar. Tırnağını keser. Tırnağına ilave tırnak takmaz. Bu ümmetin mü'min kızı olmanın tırnağa bile getirdiği farkı anladığın ve tatbik ettiğin zaman kazanmış olacaksın.

Örneği saç üzerinden sürdürebiliriz:

Kadının saçını sıfıra vurması yasaktır.

Saçını kısaltması ise erkeklere benzemek veya kâfirlerden birini taklit etmek içinse yine yasaktır. Daha güzel görünmek veya kendine göre bakım yapmış olmak içinse saçını kısaltabilir, bir sakıncası olmaz. Saçını başın üstüne topuz gibi toplamasını da hadisi şerif yasaklamıştır. Saça saç ilave ettirmek dahi yasaktır.

Baş ve saç ile alakalı kısaca özetleyebildiğimiz bu ayrıntılar seni farklı yapacaktır.

Konu sadece saç konusu değildir. Allah'ın verdiği bedeni onun bütün nimetlerini kullanarak güzel tutabilirsin, tutmalısın da. Evlendiğin zaman ise bunları yapman bir tür farz olacak sana. Her şeyi yap ama mesela dövme asla yaptırma. Peygamber aleyhisselam dövme yaptırana lanet etti. Neden lanete uğrayasın ki? Dişlerini seyrekleştirmen, sivrileştirmen de caiz değildir. Tıbben gerekmedikçe dekor maksatlı diş müdahaleleri de yasaktır.

Kuralı tekrar ve tekrar hatırla: Allah'ın verdiği bedenin güzelliğini koruman, bakım yapman sana yasak değildir, bilakis emanete sahip çıkman açısından bakıldığında görevindir. Bunda bir sakınca yok. Sakıncayı başka noktalarda görüyoruz:

- İsrafçı olman,
- Allah'ın yarattığını değiştirmede sakınca görmemen,
- Kibirlenmen,
- Kendini tabiî güzelliğin ile bırakmayıp güzelliği birilerine göre ayarlanmış duruma düşürmen.

İsrafçı olman şudur:

Senin ekonomik durumun, önceliklerin ve önemli olması gerekenlerin arasında sıralama hatası yapman. Gerekli veya gereksiz olmasını kendi ihtiyacına göre değil de birisi üzerinde gördüğünden ötürü belirlemen.

Allah'ın yarattığını değiştirmen ise şöyle olur:

Allah Teâlâ seni kıvırcık saçlı yarattıysa senin düz saçlı olmak veya aksini yapmak için çok gayret etmen gereksizdir. Allah seni uzun burunlu yarattıysa ve uzun burun görmene engel oluşturmadığı hâlde sadece kızlar sana bakıp gülerler diye estetik ameliyatı yaptırman bir değiştirme arzusudur. Yaratıldığının en güzelini koruman ve sürdürmen tabiî olandır. Elbette tıbbı bir gerekçeye yani sağlık sorununa dayanan nedenle estetik yaptırabilirsin, o ayrı bir başlık altındadır.

Kibirlenmen de şöyle olur:

Kibir, insanın kendisi gibi bir insanı küçük veya basit görmesidir. Hepimiz Allah'ın kullarıyız. İnsanız. Yaratıldığımız coğrafya bize üstün bir fark getirmez. Aile kimliğimiz bizi değişik insan yapmaz. Diplomalarımız insanlığımızı bir üst kademeye çıkarmaz. Kuaför bakımımız iyi olmamızı tescil etmez. İnsanız, insanlığımıza imanımızı ve ibadetlerimizi katarsak iyilik yolunda yürümüş oluruz. İman ve ibadetin dışında kendimize fark getirdiğini düşündüğümüz her ne varsa ırkımızdan paramıza, forsumuza kadar sadece bir şeytan tuzağı kabul etmeliyiz bunları. Bunlar esasen fani değerlerdir. İnsan fani, insanların oluşturduğu değerler fani; fani faniye katılsa ne olabilir ki, sadece çift fani olmuş olur. Kibir kadar yersiz ve yakışıksız bir topuz yoktur insanın kafasında.

Tabiî güzelliğinle de şunu kastediyoruz:

Rabbimiz erkeği kendi alanında kadını da kendi alanında pek güzel yarattı. İnsan mükerremdir. Derisinin rengi insanı düşürmez/yükseltmez. Metal parçalarını yüzüne-kulağına takarak, bedenine resimler çizdirerek, yırtılmış ve özellikle eskitilmiş kıyafetler giyerek, yöresel niteliği olmadığı hâlde kör bir taklitten dolayı kıyafetler bulundurmak gibi esasen gülünç olan şeyler güzelleştirmeyeceği gibi içteki seviyesizliği dışarı vuracağı için bir seviye düşüklüğünü göstermiş olabilir. Mü'min kız bu düşüklükten uzak durmalıdır. İmanımız, ahlâkımız ve ilmimiz ziynetimiz olarak öne çıkabilmelidir.

6
İki Nimeti Tart

Resûlullah sallallahu aleyhi ve sellemin meşhur hadisini masanın önünde her gün görecek şekilde bulundurmalısın. Onu çocukluğun için, gençliğin için düşünmelisin. Yarınlarını planlarken önünde bulundurmalısın. Kısa ama hayatî önemi olan bir hadistir bu hadis:

"İki nimet vardır ki, insanların pek çoğu o nimetler konusunda aldanmışlardır: Sıhhat ve boş vakit."

Şimdi kendine dön, bu ümmetin kızısın. Ümmeti ayakta tutacak dinamiklerden birisin. Baban ve annen için ateşten kurtuluş sebebisin. Cennet anahtarı gibisin. Üç erkek bir kadın ediyor. Bütün bu özelliklerini göz önünde bulundurarak bu iki nimet hakkındaki durumunu tart. Sıhhatini ne yaptığın ve boş vakitlerini nasıl değerlendirdiğin sana sorulmadan sen kendine sor. Aldananlardan mısın, aldanmaya karşı uyanık bulunanlardan mısın?

Çevrene dönüp baktığında bu hadisin ne kadar mucizevi bir mana taşıdığını göreceksin. Gerçekten insanların pek çoğu sıhhat ve boş vakit konusunda aldanmaktadırlar. Telefon bizim için ek vakit üretmesi gerekirken vakit canavarımıza dönüştü. Diğer teknolojik ürünler de bunun durumunda. Biz yarın Rabbimizin huzurunda dakikaların hatta nefeslerin hesabını vereceğimize iman etmişken böyle bir vakit israfına zararsız gibi bakamayız. Özellikle kadınların muhabbet ortamlarının ne durumda olduğunu görüp ahiret hesabı ile hesap ederek kendilerini düzeltmeleri şarttır. Biz unutuyoruz ama melekler unutmuyor. Biz küçük görüyoruz ama onlar küçük görmüyor.

Mü'min kız, bu hadisin ikazına karşı kendini İnşirah suresinin koyduğu ölçülere ayarlamalıdır: **"Bir işi bitirince diğerine koyul."**

Vakit sıkıntısı edebiyatı bir anlam ifade etmiyor. Sunî bir vakit darlığını konuşuyoruz. Namaza ve Kur'an okumaya gelince daralan vakit, gereksiz hatta zararlı işlerde genişliyorsa kendimizi aldatıyoruz demektir. Rabbimizin emri ne kadar açık: **"Bir işi bitirince diğerine koyul."**

İş iştir, niteliğinin ibadet olması veya ev işi olması bu anlamda çok önemli durmaz. Namazı bitirince ev işi olabilir. Kur'an okuduktan sonra okunabilir helal bir gazete okuması yapılabilir. Ders çalıştıktan sonra mü'min arkadaşlarla bir çay muhabbeti olabilir. Yeter ki o muhabbet gıybet içermesin, başka bir haram içermesin. Her mü'min kız ve erkek, genç yaşlarından itibaren hayatını bu ayetin çizgisine taşımalıdır: **"Bir işi bitirince diğerine koyul."**- Bu, aynı zamanda ümmetimizin hayat yürüyüşündeki hızı da artıracaktır Allah'ın izniyle. Kulak yorulunca gözü, göz yorulunca eli, el yorulunca ayağı; hepsi yorulunca da beyni yoracak işler üretmek zorundayız.

Bilhassa genç yaşlarda iken insan, hastalığı yok kabul edebiliyor. Çevresinde kendisi yaşındakilerin nasıl hastalıkla boğuştuklarını ise görmezden geliyor. Mü'min basiretli insandır. Bu kadar açık bir gaflette bulunamaz mü'min. Bütün hastalıklara aday olduğumuz hâlde hiç hastalanmayacakmış gibi yaşamak bir gaflettir. Evet, hastalık hastası olacak değiliz ama bedenimizin bize emanet olduğunu bilerek yaşamamız şarttır. Yiyeceklerde, yaşadığımız ortamlarda, ürettiğimiz işlerde sağlığımıza etkisini düşünerek kararlar vermemiz gerekiyor.

Bu noktada gayet önemli bir kuralı dikkate alabiliriz:

Yaptığımız bütün işleri helal ve makul sınırları içinde yaparak, Allah'ın razı olacağı iş olmalarını sağlayabiliriz. Böylece ibadet gibi bir hayat yaşarız.

Vakit ve sıhhat konusundaki tutumumuz, hayat ciddiyetimizin de göstergesidir. Resûlullah sallallahu aleyhi ve sellem Efendimiz, "Güçlü mü'min zayıf mü'mine göre Allah katında daha hayırlı ve sevimlidir."buyuruyor. Bedenen ve zihnen güçlü olmak bir görevdir. Allah'a kulluk için yaratılmış olmayı anlamak, yeryüzünde büyük bir görevin omuzlarında bulunduğunu bilen biri olmak budur. Kulağından önce kalbi duyan, gözünden önce kalbi gören mü'min böyle bir mü'mindir.

Bu hususta en çok dikkat edilecek nokta olarak uykuyu anabiliriz. Uyku ömrümüzün en büyük bölümünü almaktadır. Uyku düzensizliği bütün bir hayatı düzensiz yapar. İstikrarlı ve iyi bir uyku sıhhat açısından da vakit açısından da önemli bir yer tutmaktadır. Ölçüsüz bir uyku zarardır. Uykusunu disiplin altında tutamayan uyurgezer olarak yaşar.

7
Ört Kendini

İnsanlık için çıkarılmış en hayırlı ümmetin kızı mü'min kız, Allah'ın hükmüne teslim olmakta insanların en önde olanıdır. Örtünmek mü'min kıza Allah'ın emridir. Bir gelenek veya örf değildir. Mü'min kız, ezanı duyduğunda abdest alıp namaza dururken ne hissediyorsa bedenini örterken de onu hissetmelidir. Bu hissiyat oluşmadan ortaya konan örtünme bir gelenek örtünmesi olur ki o örtünme, karşılığı cennet olan duyguların sonucu değildir. 'Ben Rabbim için namaz kılıyorum' der gibi 'ben Rabbim için örtünüyorum' demelidir kız. Ateşten koruyan, anne-babasının elinden tutup onları cennete götüren kız bu kızdır. Biri üç erkek eden kız/anne bu hissiyatın sahibi kız/annedir. Kızın örtünmesi dindir, ibadettir, kulluktur, cihattır. Sıradan bir iş değil yerle gök arasını dolduran bir gayrettir. 'Namaz kıl' ve 'ört kendini' emirleri bu nedenle eşit konumlarda durur onun gözünde.

Allah emretti demek mü'min itiraz edemez demektir. İtiraz edemeyeceği şeye de tamamen teslim olur. İman böyle bir ölçüdür mü'min insanın gözünde.

Bu asırda yaşayan kızlar için şu sorunun cevabı gerekiyor:

Mü'min kız, Allah'ın emridir diye itiraz edemediği şeyi kendi zevkine uydurup kullanarak, itiraz etmeden teslim olmuş görüntüsüne çevirebilir mi? Allah 'örtün' dedikten sonra insanların bir bölümü, örtünmeyi kabul etmeyerek çizginin dışına çıkmış olurlar. Hiç kabul etmediği veya o noktada itirazı olduğu için yapmazlar ve çizgiyi aşarlar. Diğer bir insan/mü'min grubu, ateşten korktuğu veya çevresini aşamadığı için 'peki örtüneyim' der ama örtünmeyi, kendisinden istenen gibi değil de zevkini tatmin edecek yöntemlerle gerçekleştirir. Bu bir itaat olabilir mi? Kızın örtünmesinden maksat, onu görenin gözlerinin takılı kalmamasını temin etmektiyse o kız örtündüğünde mesela, örtünmemiş durumuna göre daha cazip ve daha bakan gözü kendisine takılı tutan bir kıyafetle örtünmüş olması ne getirir ona? Bu bir örtünme olabilir mi?

Albeniyi artırmış tesettürler bir nefis tuzağıdır. Giyim firmalarının tesettürü pahalı satmayı uygun bulmaları, üzerinde iyi düşünülecek bir açığımızdır.

Örtünme olan tesettür Allah'ın emridir. Yabancıya karşı güzelleştiren tesettür şeytan tuzağıdır. Mü'min kız Allah'tan yanadır, onun rızası peşindedir. Gerçekçi olmalı ve Allah'ın emrini şeytan tuzağı ile karma duruma getirmemelidir. Örtünmeyi emreden Nur suresinin otuz birinci âyeti, örtünmenin emri olarak bilinir. O âyet, 'kadınlar örtünsün' şeklinde değildir. Âyetin muhtevasına kuşbakışı bakıldığında örtünmenin âyetin içinde kısa bir bölüm olarak kaldığı görülecektir. Örtünme bir yapılanma ve korunma mücadelesinin parçası durumundadır sadece. Âyeti bu maksatla okuyabiliriz:

"Mü'min kadınlara söyle:

Onlar da gözlerini bakılması yasak olanlardan çevirsinler.

İffet ve namuslarını korusunlar.

Süslerini göstermesinler.

Elde olmayarak açığa çıkan ve görünen kısımları hariç, cazibe ve güzelliklerini açığa vurarak dikkat çekmesinler.

Ve bunun için başörtülerini göğüsleri üzerine sarkıtsınlar ki, boyun ve gerdanlarından bir şey görünmesin.

Allah'ın açılmasını haram kıldığı gizli ziynet yerlerini yani cazibe ve güzelliklerini kocalarından, babalarından, kayınpederlerinden, oğullarından, üvey oğullarından, kardeşlerinden, erkek kardeşlerinin oğullarıya da kız kardeşlerinin oğullarından veya Müslüman kadınlardan veya yasal olarak sahip oldukları köle, cariye gibi kimselerden veya erkeklikten kesilmiş, yemek isteyip karın doyurmaktan başka bir şey düşünmeyen, kadınlara meyil ve şehvet ihtiyacı olmayan erkeklerden veya kadınların mahrem yerlerine henüz ilgi duymayan çocuklardan başka kimselere açıp göstermesinler.

Yürürken gizli görkem ve güzelliklerini belli edecek, tahrik edici bir yürüyüşle yürüyerek ayaklarını yere vurmasınlar.

Hepiniz topluca, günahkârca davranışlardan dönüp Allah'a yönelin ki, dünya ve ahiret mutluluğunu elde edesiniz."

Kur'an bizim iman kitabımızdır. Tavsiye kitabı değil iman kitabı olmasında da büyük farklar vardır. Bu âyet Kur'an'ımızın ayetlerinden sadece biridir. Âyette altı çizili kısım baş örtmeyi emreden kısımdır. Âyetin ne kadarını oluşturuyor sizce? Âyet kaç konu ihtiva ediyor ve baş örtmek bunlardan kaç tanesidir? Bir mü'min olarak Allah'ın bu âyetinden bir metrekarelik bir bez parçasından başka bir şey çıkaramıyorsak ya da başındaki ve sonundaki konuları yok sayarak bir bezle kapanmayı Allah'ın emri olarak anlıyorsak kendimize göre şekillendirdiğimiz bir kıyafeti Allah'ın emri diye algılıyor, kendimiz pişirip kendimiz yiyor gibi iş yapıyoruz. Bu ümmet böyle bir ümmet değildir. Bu mantık, Musa aleyhisselamın gözüne baka baka Allah'ın âyetlerini şekillendiren Yahudi'nin mantığıdır.

Nur suresinin bu ayetini, içeriği numaralandırılmış olarak tekrar ele alabiliriz. Numaralar üzerinden takip ederek tesettürle örtünme, başörtüsü ile başı Allah'a adama arasındaki farkı anlamaya çalışabiliriz:

"**Mü'min kadınlara söyle:**

1- Onlar da gözlerini bakılması yasak olanlardan çevirsinler.

2- İffet ve namuslarını korusunlar.

3- Süslerini göstermesinler.

4- Elde olmayarak açığa çıkan ve görünen kısımları hariç cazibe ve güzelliklerini açığa vurarak dikkat çekmesinler.

5- Ve bunun için <u>başörtülerini göğüsleri üzerine sarkıtsınlar ki, boyun ve gerdanlarından bir şey görünmesin.</u>

6- Allah'ın açılmasını haram kıldığı gizli ziynet yerlerini yani cazibe ve güzelliklerini kocalarından, babalarından, kayınpederlerinden, oğullarından, üvey oğullarından, kardeşlerinden, erkek kardeşlerinin oğulları ya da kız kardeşlerinin oğullarından veya Müslüman kadınlardan veya yasal olarak sahip oldukları köle, cariye gibi kimselerden veya erkeklikten kesilmiş, yemek isteyip karın doyurmaktan başka bir şey düşünmeyen, kadınlara meyil ve şehvet ihtiyacı olmayan erkeklerden veya kadınların mahrem yerlerine henüz ilgi duymayan çocuklardan başka kimselere açıp göstermesinler.

7- Yürürken gizli görkem ve güzelliklerini belli edecek, tahrik edici bir yürüyüşle yürüyerek ayaklarını yere vurmasınlar.

8- Hepiniz topluca, günahkârca davranışlardan dönüp Allah'a yönelin ki, dünya ve ahiret mutluluğunu elde edesiniz."

Mü'min de olsak neticede insanız, hata edebiliriz hatta mü'min bir kadının gaflete düşüp açık gezdiği bir anı da olabilir. Ardından nasûh bir tevbe ile bu hata kapatılabilir. Ama mü'min bir nesil Allah'ın ayetlerinden birini yaşadıkları çağa ve idrake göre şekillendiremez. Bu olmaz. Çünkü böylesi bir hata imanla birinci dereceden bağlantılıdır. Mü'min, Allah'ın emrini duyduğunda 'duydum itaat ettim' der.

Bugün mü'min kadınların örtünerek korunma sorunu, kâfirlerin yasaklamalarından kurtulur kurtulmaz yeni bir sorun çeşidi olarak çizgisinden aşırılmış bir örtünmenin getirdiği, maksadını gerçekleştirmeyen bir örtünme olarak karşımıza çıktı. Müslümanlığı tesettüre indirgeyemeyeceğimiz gibi tesettürü de kadının üzerine kıyafet almasına indirgeyemeyiz. Nur suresinin âyeti gayet açık bir şekilde 'mü'min kadınlara söyle' hitabı ile kadının topluca kimliğini muhafaza ettiği uygulamanın tamamına tesettür demektedir. Mü'min kadının, bu ümmetin ulvî hedeflerini gerçekleştirmedeki büyük katkısına binaen üzerine aldığı bir kıyafetten çok kimlik olarak sahiplendiği şuura tesettür demektedir. Tesettürün girdiği şimdiki şekil, 'buna bari şükredelim' şemsiyesi altında savunulabilir değildir. İmanda ve ibadette arızalı olmayı benimsemediğimize göre Allah'ın emirlerinden birinde keyfîliği de benimseyemeyiz. Mü'min kadınlar kendilerine gelmelidirler ve yapamıyor olsalar bile doğruyu kabul etmelidirler. Ne şiş yansın ne kebap anlayışı toplu yanmaktan başka bir sonuç getirmeyecektir. Ne gariptir ki yakın yıllara kadar tesettür mü'min olmayanlara karşı savunulan bir değerken şimdiki zamanda müminlerin birbirlerine karşı 'öyle de olur böyle de' mütalaalarına kurban edilebilmektedir.

Tesettür/örtünüp korunma bir ilahî emirdir. Ana hatlarını Şeriat belirler. Kulların keyfîliğine açılabilir bir alan değildir. Bunun için de örtünüp kurtulmak isteyen ve bununla da Allah'ın mü'min kızlara binaen vaat ettiği müjdelere ermek isteyen için örtünüp korunmanın şu ölçülere uyması gerekmektedir:

Örtsün, göstermesin.

Örtünün belli bir rengi ve şekli yoktur. Örtü örttükten ve koruduktan sonra İslam'ın emrettiği örtüdür. Özellikle şu kıyafet şartı konamaz. Yüz, el ve ayaklar hariç her yeri örtmelidir. Yakın mesafeden bir ayrıntı hissettirmemelidir. Bunun adı tesettürdür, örtüdür. Dar kıyafet yani dışarıdan bakıldığında mesela bacakların şeklini yansıtan darlıkta bir kıyafet koruma yapmamaktadır. Bu nedenle, üzerine bir bol kıyafet alınmadıkça pantolon kadın için koruyucu kıyafet olamaz. Baş örtmeyi Allah'ın emri kabul edenin bacaklarının bir erkek için ilgi çekecek şekilde belli edilmesinde sakınca görmemesi hayret vericidir. Âyet, yürürken ayakların ses çıkarmasını bile karşısındaki erkeğin dikkatini çekip göz atar diye yasaklarken örtünme adına giyilenin albenisi nereye konabilir?

Kendisi örtülmesi gereken kıyafet olmasın.

Kıyafetin cazip olması yani bakıldığında gözü kendine çekmesi örtünmeye engeldir. Çünkü örtünmedeki maksat mahrem olmayan erkeklerin bakmasına engel olmaktır. Rengi, yapısı, şekli veya parlaklığı gibi bir nedenle 'bak bana' dedirten kıyafete tesettür adı verilemez.

Erkek kıyafeti olmayacak.

Peygamber aleyhisselamın yasakladığı şeylerden biri de erkeklerin kadınlara, kadınların erkeklere benzemesidir. Erkeğe ait bir kıyafeti kadın giydiğinde o kıyafetin adı tesettür değildir. Üstünü kapatmaya tesettür demiyoruz, gözden koruyana tesettür diyoruz.

8
Emin Ol Mütevazı Ol

Mü'min kız, bu ümmetin değeri olan kız asrımızın kaybolmaya yüz tutan en büyük kayıplarından biri olmuş emaneti ve eminliği sahiplenmelidir. Mü'min kız, emin kıza anlatım ve tanıtım olarak denk olmalıdır. En geniş anlamı ile emin olmak mü'min olmanın gereğidir. Emanet kayboldukça iman da kaybolur.

Emin olmanın en önemli basamağı kulun Allah'a karşı emin olmasıdır. İmanla yani kulun mü'min olduğunu söylemesi ile beraber, Allah'a iman kula bir karakter kazandırmış demektir. Allah'a imanın korunması, yasaklarından kaçınılması, emirlerinin yerine getirilmesi ve dostlarının dost düşmanlarının düşman bilinmesi emanetin gereğidir. İşlenen her haram emanete yapılan bir hıyanettir. Terk edilen her farz bir hıyanettir. Kul, Allah'ın karşısında hangi işinden ötürü utanacaksa bugün onu emanete yaptığı bir hainlik olarak görmelidir. Allah'a karşı emin olmayanın kullara ve diğer mahlûkata karşı emin olması nasıl beklenir?

Göz, kulak ve el gibi organlar bizim ne kadar emin olduğumuzu gösteren eylemlerimizin sahibidir. Gözü yasaktan korumak örnek olarak emin olmanın şartıdır. Namaz da bir emanettir, mü'min bir kardeşin sözü de emanettir. İnsanların sırları, paraları emanettir. İnsanın mü'min kardeşini kendisi gibi görmesi ile emanet hassasiyeti de gerçekleşir. Kendisine yapılmasından razı olmayacağı bir işi başkasına yapmamak mü'mince bir karakterdir.

Ölümün peşinden koştuğu bir canlı neyi ile kibirlenir ki? Kibir kadar insanı gülünç yapan ne olabilir?

Mü'min kız, diplomadan sonraki hâli ve bakışları öncesine göre değişmeyen insandır. Parası, makamı, forsu büyüdükçe mü'min de tevazusunu artırır. Meyveli ağaç gibi olur, meyveleri büyüdükçe dalları yere eğilir. Bilhassa fakire karşı kibir eldeki nimete nankörlüktür. Güzel olmadığını zannettiğine karşı kibir başlı başına çirkinliktir. Yaratan Allah, dilediğini dilediği gibi yaratmış. Biz kuldan başka bir rolü istesek de kendimize biçemeyiz. Ölümlü ve hastalıklı kullarız.

Kibirlerin en çirkini de bir insanın, belli bir noktadan sonra anne-babasına karşı kibirlenmesidir ki bunun adı bile konamaz. O kadar seviyesiz bir iştir.

9
Duasız Kalma Kanaatkâr Ol

Dua silahtır. Aciz kulun, sonsuz kudret sahibi Rabbine sığınması kadar güçlü bir silah da yoktur. Kısa vadeli talepler için de uzun vadeli talepler için de dua en acil silahtır. Duanın dili yoktur. Arapça olması şart değildir. Samimi olması şarttır. Bir kere yapılıp sonucu beklenen dua değildir asıl dua. Gayeye ulaşana kadar dua etmek duadır. Tok misafirin nazına benzer dualar nasıl dua sayılsın? Zayıfın güçlüye, muhtacın her şeyin sahibine yalvarması duadır. Ve bu dua, silahıdır mü'minin.

Kur'an'ımızın bize dua olarak gösterdiği dualar yapılabilir.

Resûlullah sallallahu aleyhi ve sellemin tavsiye ettiği dualar yapılabilir. Salih kulların söylediği, bize intikal eden dualar yapılabilir.

Biz, içimizden geçen arzularımızı, korkularımızı dua konusu edebiliriz.

Sesli yapabiliriz, sessiz yapabiliriz.

Bir kere, on kere, yüz kere aynı duayı yapabiliriz.

Sonuç görmek içinden çok, duamızı yapma hazzını yaşamak için dua ederiz.

Namazlardan sonra da dua edebiliriz ama duamız için has vakitler ayırırsak bu, duamızın ciddiyetine işaret eder.

Günahkâr olsak da olmasak da dua ederiz. Günahkâr olmak dua etmeye mâni değildir. Aksinegünahkâr olanın daha çok dua etmesi gerekir.

Duanı et ve bekle.

Ve kanaatini eksik etme. Bulduğunun kıymetini bilene ilavesi verilir. Allah'ın önüne açtığı fırsatları değerlendir. Asla elden gidene matem tutma. Nasibim olsaydı bende olurdu de. Evlilikte de böyle yap. Bir faninin peşinden kendini eskitme.

Sana Peygamber aleyhisselamın tavsiyesi şudur:

Dünyalık işlerde senden daha aşağıda olanlara bak, hâline şükret. Ahiret işlerinde de senden daha iyi olanlara bak ve gayretini artır. Elindeki ve bedenindeki Allah'ın nimetlerini basit görme. Allah'tan olup da basit olan bir şey yoktur.

Bu Ümmetin Kızına

Değerli hocam,

Allah'ın selamı ve rahmeti üzerinize olsun. Ben sizin sohbetlerinizle İslam'a bakışı olumlu yönde çok değişen, Allah'a karşı sevgi ve saygısı daha çok artan, Resûlullah'a hasret ve muhabbeti çoğalan, tesettürlü, hafız, Arapça bilen, iki kız çocuğu annesi bir kadınım.

Size teşekkür etmeye kelimelerim kâfi gelmez. Allah'ım sizden razı olsun. Resûlullah'ın ömrü gibi hayırlı ve bereketli ömrünüz olsun. Sohbetlerinizi dinlemeden önce hafız olan, Arapça bilen, eşine dahi bu şartlarda hürmet edemeyen, çocuklarının Allah'ın emaneti olduğunu unutup onlara yeterli ilgi ve alakayı göstermeyen, dua ettiğinde gözleri yaşarmayan, içten hissedemediği Allah sevgisi olan, dini hep Diyanet sistemi gibi algılayıp kendi isteklerine göre davranan, hafızlığıyla ve Arapça'sıyla övünüp bir sayfa Kur'an okumaktan gafil, tevekkül ve sabrı bildiğini sanıp hayatına geçiremeyen bir kadındım.

Şimdi ise sizin vesilenizle yukarıda saydıklarımın tam tersi, yani olumlu yönde değişen bir insan oldum. Sohbetlerinizi dinleyerek, evliliğin kefilinin Allah olduğunu idrak ederek, yanlışlarımı görerek, eşime sabrederek, her işimde Allah'a tevekkül ile ve boşanmaktan vazgeçerek evliliğim mutlu hâle döndü.

Allah'ın izniyle bir gün sohbetinizi dinlemezsem sanki

eksik kalmışım gibi hissediyorum. Sıkıntılı ve zor zamanlarımda bana ilaç gibi tesirli oluyor. Ailem, kardeşimi o gence sırf evi ve maddiyatı yok diye, Allah yolunda olmasına rağmen vermiyordu.

Sohbetlerinizi dinleyerek kardeşim ve eşi, ailem razı olana dek sabır ve dua ile Allah'tan yardım istediler. Ailem de sohbetlerinizi dinledikten sonra, yaptıkları hatanın farkına varıp evlenmelerine razı oldular.

Siz böylelikle bir yuvanın dağılmamasına, bir yuvanın da kurulmasına sebep oldunuz. Rabbim sizden öyle çok razı ve memnun olsun ki Resûlullah'ın en yakın komşusu olasınız.

Daima cemalullah ile şereflendirilirsiniz umarım. Allah o hayırlı ve mübarek ömrünüzü bereketli ve şimdiki gibi insanlara daima faydalı kılsın. Bize Allah'ı ve Resûlullah'ı bu kadar güzel sevdirmeye ve tanıtmaya vesile olduğunuz için Allah her daim yâr ve yardımcınız olsun.

İman ne büyük nimet, mü'min olmanın hazzı ile kardeşlik yaşamak ne büyük saadet! Rabbim sizden de razı olsun.

Saliha kadınlar arasında cennete giresiniz; eşinizle, yavrularınızla cennette koltuklara gerilmiş, dünyanın cefasını konuştuğunuz günleriniz olsun. Nesibeler, Fatımalar, Aişeler, Hadiceler arasında kalasınız.

Siz saliha, eşiniz salih, yavrucaklarınız mücahitler olsunlar. Eviniz ibadetle mamur kalsın. Ümmetimizin umudu mü'mine hanım olarak kendinize dualar edin. Eşinize dualar edin, bebelerinize dualar edin. Bu kardeşinize de dualar edin. Sizin dualarınızla yol alacağız.

Siz, bu ümmetin saliha kadınları; mobilyaya tapınmayan, Rabbinden bulacağı cennet nimetlerini hiçbir şeye değişmeyen, sabreden, sebat eden, yılmayan, yorulmayan, ezilmeyen, ezmeyen, üşenmeyen, asrının gerektirdiği cihadı yapan, eşinin cenneti, doğurduklarının örneği kadınlar, siz bu merhûm ümmetin umudusunuz. Siz kalkarsanız ayağa, yeni nesiller sıra dağlar gibi dizilecek cihat meydanlarına. O zaman, sizin Allah için ayağa dikildiğiniz zaman, ezanlar Arş'a erecek, o zaman nesiller asıl ruhunu bulacak, şeytanın binlerce yıllık birikimine rağmen hak hâkim olacak.

Siz, sadece bu ümmetin değil bütün insanlığın umudusunuz.

Siz sadece kadın değilsiniz; siz hayrın çekirdeğisiniz. Firavunların saraylarında da olsanız Âsiyeleştiğiniz sürece çekirdek korunmuş demektir. Sizin için, sizin gibi bir saliha kadın nesli için hiçbir emek boşa değildir. Sizden biriniz bir Âsiye olsun, bir Meryem olsun da o gün toprak bitki vermesin, gök yağmur indirmesin! Yeter ki sizden bir Âsiye çıksın. Bütün dualarımız sizin içindir.

> *Sizi takdir edemeyenlerin arasında kalsanız, hâlâ 'bir kadın' olarak görenler olsa da sizi, siz Âsiye'siniz. Şeytanın kadınla kurduğu bu zulüm saraylarını siz yıkacaksınız. Küfrün belini siz bükeceksiniz. Sizi bekler bu ümmet asırlardan beri. Melekler sizin peşinizdedir.*

Siz, hafıza hanım,

İki çocuk annesi kadın,

Arapça bilen hocahanım...

Ayağa kalkın ve yürüyün. Yürüyün de yürüsün dağlar, ovalar ardınızdan. Derinliklere gömülmüş sularımız fışkırsın topraktan. Kurumuş ağaçlarımız meyveye dursun. Göklerimiz bulut dolsun. Yeşersin yüreklerimiz.

Kalkın be kadınlar!

Kur'an hafızları, dikilin şeytanın karşısına!

Anneler, ayağınıza cennet gelmişler olarak açın ellerinizi de dinsin bu kasırga.

Kalkın be kadınlar, kalkın artık!

Silkinin de sırtınızdan atın mobilyalarınızı, savurun etrafınızda size vesvese telkin edenleri.

Tutun eşinizin elinden, basın yavrularınızı bağrınıza da yürüyün. Durmamak üzere, nefes almadan, dinlenmeden, serinlenmeden, koltuk silmeden, paspas yapmadan yürüyün Adn cennetlerine doğru. Koşun Firdevslere...

Nedir bu melekleri bekletmeniz; yürüyün de yürüsün nesiller ardınızdan ey ayaklarına cennetlerin uzandığı Havva'nın kızları!

Bu Ümmetin Kızına

Kur'an kursu öğreticilerine, bayanların eğitimi hususunda ne gibi tavsiyelerde bulunursunuz? Bir Kur'an kursu öğreticisi neler yapmalı ve nelere dikkat etmelidir?

Kur'an öğretimi ve kadının birleştiği noktada iki öğretmen tipi görebiliriz. Bunların birincisi mahalle kadınlarına Kur'an öğreten öğretmen, ikincisi de genç kızlara Kur'an öğreten öğretmendir. Her ikisinin de Kur'an öğreticisi olmakla 'bu ümmetin en hayırlılarından olma' vasfı kazandığını söylememiz gerekmektedir. Bu husustaki hadis-i şerif gayet açıktır.

Birinci veya ikinci öğretmen için gerekli ilk ve en temel kural ihlastır. İhlas yani yapılanı Allah için yapma özelliği olmadıkça Allah hiçbir işimize bereket vermemektedir. Bu bereketsizliğimizi de 'insanlar okumak istemiyor, Kur'an okumak zor' gibi kılıflarla örtmeye çalışamayız. Elimizdeki teknolojik imkânlar ve diğer nimetlerle insanlara üç günde Kur'an öğretmemiz mümkünken bulunduğumuz noktadaki başarısızlığımızın temelinde ihlas sıkıntımız yatmaktadır. Bu nedenle Kur'an muallimi veya muallimesine ilk tavsiye ihlas olmalıdır. Allah'tan inen âyetleri Allah'ın kullarına öğretmekle şereflenmenin mutluluğuyla çarpan bir kalbin sahibi daha başarılı bir eğitim verecektir. Devreye giren para/makam gibi hırslar bütünüyle engeldir.

Birinci çeşit talebe grubuna yani yaşlı teyzelerin Kur'an öğrenmelerine dair kısaca şunu kaydetmeliyiz: Kur'an öğrenmenin hükmü ile ilmihâl öğrenmenin hükmünü karşılaştırıp kadınlara eğitim vermeliyiz. Bir yıl Kur'an öğrenmek için gelen kadınların hâlâ onlara farz olan ilmihâl bilgilerinde sıkıntı varsa, farz olmayan Kur'an öğretimimizde hata var demektir. Bir mü'min kadın, namaz kılacak kadar Kur'an okuyabiliyorsa farz olan oran sağlanmış demektir.

Bunun ötesinde bir yıl harcamak hatadır. Öte yandan aynı kadın en temel taharet kaidelerini bile bilmekten aciz yaşamaktadır.

Bu nedenle, kadınların Kur'an öğrenmek için gelmelerini fırsat bilerek önce iman esaslarını sonra da onlar için farz durumundaki temel ilmihâl bilgilerini vermek gerekmektedir.

İman bilgilerini vermekten kastımız, iman esaslarını sayıp durmak olmamalıdır. Kadınları kuşatan fitne ortamında, onların imanlarını korumaya yardımcı olacak meseleler muhakkak konuşulmalıdır. Mesela 'kitaplara iman' konusu işlenirken bir kadın, 'Allah'ın indirdiği kitap olan Kur'an, benim hayat rehberimdir' diyecek duruma gelmelidir. Bu sağlanmadıktan sonra

Kur'an gibi bir kaynağın yanı başına susuz gidip susuz dönme türünden işler yapmış oluruz.

İkinci tür yani genç kızların oluşturduğu gruplarda da talebelerin ikiye bölünmesi gerekir. İlk grupta hafıza bir bayan olmaları mümkün olmayanlar ya da en çok iki yıl içinde tam bir hafıza olamayacak durumdakiler, asla hafızlık yokuşuna sürülmemelidir. Onlara da iyi bir ilmihâl ve akide bilgisi eğitimi verilmelidir. Kitap okuma, tahlil etme zevki aşılanmalıdır.

Sosyalleşmeleri için gereken faaliyetlere teşvik edilmelidirler. Onların uzun süre aynı çatı altında tutulmaları, Kur'an eğitimi adına olumsuz propaganda nedenidir. Hafızlık yapamayacak bir hanım kızın Kur'an kursunda alacağı Kur'an ve ilmihâl eğitimi iki yıldan fazla sürmemelidir. Bunun sonrasında onun hayata 'mü'min bir anne' olarak başlayacağı sürece katkı sağlanması daha yararlıdır.

Hafızlık yapabilecek olanlara da hafızlık verildikten sonra, hafızlığın tabiî uzantısı gibi olan ilimler ilave edilebilir. Bunlar da muhakkak, bir istişare sonucunda gerçekleşmelidir.

Şu hususları özellikle tekit etmek isterim:

a- Mevcut kurs binalarının ayakta kalması için Müslümanlar'ın kızlarının veya oğullarının 'binayı kapanmaktan koruyan payandalar' olarak talebe yapılmaları doğru değildir. Talebelik şartları, kurs şartları, hocalık şartları oluşturulmalıdır.

b- Kur'an öğretmekle Kur'an nesli yetiştirmek arasındaki farkı idrak etmeliyiz. Kur'an'a göre yaşama heyecanı almayacak olduktan sonra kadınlara ve erkeklere Kur'an öğretmenin pratik ne yararı olacaktır?

c- Kur'an muallimeleri kesinlikle parasal ilişkilerde hassas olmalıdırlar.

d- Kız kurslarındaki görevlilerin sorunlarından ya da sonradan onlara sorun oluşturan tutumlarından biri de ellerindeki öğrencilerden yaşı gelenlere aracı olup onların evlenmelerine yardımcı olmalarıdır. Bu esasen hayırlı bir iş olmakla beraber benim şahsî kanaatim, Kur'an muallimi veya muallimesi birinin bu işe bulaşmamasıdır. Kızlarımızı evlerinden istemeye yönlendirmeliyiz insanları.

> Kur'an muallimeleri arasındaki en önemli sıkıntılardan biri de birden çok muallimenin bulunduğu mekânlarda sık sık rastlanan, hocalar arası sürtüşmelerin talebe düzeyine indirilip bir çeşit kamplaşma oluşturulmasıdır. Elbette insanın olduğu yerde sürtüşme olabilir ama bunun talebe düzeyine indirilmesi, Kur'an etrafında gerçekleşmemesi gereken ağır bir hatadır. Allah'tan korkup kenara çekilmesini bilmek gerekmektedir.

e- Kur'an muallimeleri, talebeler hakkında karar verirken meslektaşları ile ve psikologlarla muhakkak istişare etmelidirler. Herhangi bir karara velilerin ikna edilmesi çok önemlidir. Verilmiş kararları velilere onaylatma tarzı, Kur'an eğitiminde ağır yaralar bırakmıştır.

Özellikle tavsiye etmek istediğim husus ise şudur:

Kur'an öğreten, bu ümmetin en iyisi olduğunu bilmelidir. En iyi olmanın azametini ispat eden tavırlar içinde olmalıdır.

Allah, sizleri de bizleri de Kur'an'ımızın hizmetinde ömür tüketmeye muvaffak kılsın.

Dualarınızı bekleriz.

Bu Ümmetin Kızına

Karışık yapılan düğünlerde bayanların oynamasıyla ilgili düşünceniz nedir?

Açık bir kıyafet giymeyen herkesin oynaması için ısrar ettiği ve sahneye çıkmadığı için daha çok eleştirilecek bir bayanın sahneye çıkıp oynaması benim içime sinmiyor fakat sizin düşüncenizi öğrenmek istiyorum. Israr edenlere ne cevap vermek gerekir?

Şeytan da bir mü'mini yıllarca bekleyerek tuzağa düşürmek ister. Yıllarca direndikten sonra bir gün takılsın mı tuzağına, ne dersiniz? Bir kere, oynamak dediğiniz şey, örtülü olsa ne olacak açık olsa ne olacak. Dik durun, şeytanın hilelerine aldanmayın. Bırakın bütün dünya bir kenara kaysın, siz tek kalın. Tek kalın, Âsiye olun. Firavun'un sarayını andıran bu ortamda siz dik durun, meleklerden başka kimseniz olmasın; onlar size yeter de yeter. Dik durun Allah aşkına! Bir kişi de olsanız meleklerden utanan, komşu ve arkadaştan utanmayanlardan olun! Nedir bu kadınlarımızın çevre baskısından çekinip durmaları, sübhanallah! Bu ümmet bu kadar mı çabuk eriyecekti, bu muydu bizim imanımız ve sabrımız?

'Çok güzel mü'min, Allah'tan korkar ama fırsatlar gelince dayanamaz.' birileri mi olacağız biz! İşte tam o gün sizi, Çanakkale'yi geçirmeyen bir mücahide olarak görmek isteyecek melekler, bilesiniz. Bunu siz takdir edin, melekler de sizi böyle kaydetsinler.

Tesettür asıl o gün içindir. Medine'de tek kalmaya razı olan ruhu siz yaşatın, ayıplasınlar, yersinler sizi. Kınanın, yuhlanın, itilin, horlanın ama melekler tarafından lanetlenmeyin. Meleklerin kınadıkları sizi kınasa ne olacak? Varsın kınasınlar, ebedî değil ya dünya; gidilir bir gün ebediyete de görülür ayıplar, kınalar, kınanmışlar, kınayanlar... O gün ne oyunlar oynanacak!

Allah elinizi, dilinizi, ayağınızı kaymaktan korusun. Bilgisayar zamanının Âsiye'si olmaya çalışın. Size dualar ederiz.

Siz de bize dua ediniz.

Bu Ümmetin Kızına

Hocam,

Bizleri her daim hayra yönlendiren cevaplarınız için Allah sizden razı olsun.

Ben ilahiyat öğrencisi bir hanımım. Küçüklüğümden beri hayalim olan Kur'an öğreticiliğine adım adım yaklaşıyorum fakat bunun tam olarak istediğim şey ve beni Allah'ın rızasına ulaştıracak hedefin bu olduğundan artık kuşkuluyum.

Birincisi, ben sırf Allah rızası için bana bir şeyler öğretmeye çalışan hocalarım gibi değil, devletten her ay maaş alarak çalışan bir öğretici olacağım. İkisi aynı şey değil elbette. Diğeri de ilahiyat adı altında verilen ilimle her şeyi hakkıyla öğrenemezsem endişeleri taşıyorum. Birinde hiç kaybetmek istemediğim ihlâsım tehlikede, diğerinde yeterli olamamak var. Bu yüzden başka başka hocalar, ilimler ve çeşitli ilmihâllerle bu açlığımı yatıştırmaya çalışıyorum.

Durumuma diğer açıdan bakarsak, oldukça yozlaşmış bir çevrede yaşıyorum. Tesettürüme, ibadetime dikkat ettikçe kınananlardan oluyorum ve o kınayanlara azıcık bile katılmamak için nefsimle mücadeleler ederken buluyorum kendimi. İşte o zaman çok korkuyorum hocam. Benim kendi evimde yahut başka bir yuvada toplayıp bir şeyler öğreteceğim insanlar bana çok uzak. Çağırsam gelmezler, gelseler beni kastettiğim gibi dinlemezler. İşte bu yüzden benim Diyanet de olsa ilim meclislerinden ayrılmamam, insanları *doğruya teşvik ederek kendi şeytanımı ebedî susturmam lazım. Diğer türlü ben de akışa kapılırım, ben de kız çocuklarımı illa diploma, illa iş güç diye büyütürüm endişesi doğuyor.*

Bu uğurda verdiğiniz cevapların hepsini okuyorum ve sizin ışığınızla da aydınlanmaya çalışıyorum. Bir kardeşime yazdığınız mektupta, "Kur'an muallimleri parasal ilişkilerde kesinlikle hassas olmalılar" diyorsunuz. Bu hassaslığı benim için biraz daha açar mısınız, bu konuda beni tıpkı kendi evladınıza yaklaşacağınız titizlik ve kaygıyla uyarınız lütfen. Mal ve makam türünden bir beklentim yok, öyleyse bu uğurda elime geçecek paraya nasıl yaklaşmalıyım? Sizin bende görüp de ikaz edeceğiniz başka ayrıntılar var mıdır, mesleğim gereği insanların en iyisi olmam için ne gibi tavsiyelerde bulunursunuz?

Allah yâr ve yardımcınız olsun, sıhhat ve selametle kalın.

Sevgili kızım,

Allah Teâlâ seni emellerine kavuştursun. Kur'an'ı yaşatmışlar olarak diriltilecekler arasında bulunmanı, Kur'an'ın şefaati ile işi iyi gidenlerden olmanı dilerim. Ne mutlu sana ki, kendini Kur'an hizmetine adamayı düşünüyorsun. Sen tam anlamıyla bir mücahidesin. Mücahide ne demekse, o sensin bu düşüncelerinle. Yeni doğmuş bir bebek gibi görüyorum seni; doğdun da büyüyorsun. Kur'an seni her gün emziriyor ve sen büyüyorsun. Allah yolunda olmak, Allah için çalışma azmi taşımak, sahabe neslini önder ve örnek görmek böyle bir şeydir.

Hanım kızım,

Bir bayan olarak, garip olduğunuz bir ortamda bu seviyede olmanız, ancak Allah'ın lütfu ile gerçekleşebilir bir seviyedir, muhakkak şükredin buna. Şükredin ki Allah sizi, dinine hizmet aşkı ile kavurmuş. Tekrar ve tekrar tebrik ediyorum sizi. Size dua ediyorum, bu ağabeyinize de dua etmenizi, Kur'an hizmetinden bir nefes ayrılmadan yaşamaya Allah Teâlâ'nın bizi muvaffak kılmasına dua edin.

Öncelikle sana Ali Ulvi Kurucu'nun hatıratını okumanı tavsiye ederim; kendine çok güzel ufuklar bulacaksın o eserde. Bakacaksın ki sen, ne ilksin ne de son. Bu yol böyle bir yoldur. Yesrib'e gitmeye razı olanlar, oradaki garipliği hayat bilebilenler ve kefensiz gömülmeye razı olanlar Kur'an ehli olabiliyorlar. Çok bilenlerden önce onlar gönüllere Kur'an akıtabiliyor. Bu anlayışı yakalaman açısından o kitabı satır satır okumanı tavsiye ederim.

Okuduğun fakülteyi bitir, diplomasını al. Diyanet'e gir; kurs hocası ol. O gün, kendini ununu elemiş, eleğini asmış biri gibi görme. Bedir'de, Hendek'te bil kendini. Çünkü şeytan, o gün seni kızağa almayı deneyecektir. Diyanet'ten görev alan kızlarımız, bir daha tanınmayacak kadar değişiyorlar. Sen öyle olma. Bu süreçte evliliği ihmal etme. Evlenirken deseninle evlenecek adaya, Kur'an'a adanmış bir hayat yaşamak istediğini belirt. Kendine bir müsteşar bul; her şeyi ona danış. Adeta iki kişi gibi yaşa işinde. Bu müsteşar, Kur'an eğitimi hususunda tecrübeli olsun.

Çok dua et kızım, ucunda cennet bulunan çetin bir tünele girdin. Allah yardımcın olsun, seni korusun, yüceltsin.

Bu Ümmetin Kızına

Değerli hocam,

Evlenirken giyeceğimiz gelinlik nasıl olmalıdır? Daha doğrusu gelinlik giymemiz doğru mu? Eğer gelinlik giymek tesettüre uygun değilse, gelinlik dışında ne giyebiliriz? Yardımcı olursanız çok sevinirim.

Kızım, ümmetimizin Âsiye'si!

Meselemiz, başlı başına bir 'gelinlik' meselesi değildir. Zira gelinlik, mesela bundan iki asır önce yine giyiliyordu ama bugünkü şekilde değildi. Meseleyi gelinlik boyutunda ele almamıza gerek yoktur. Kızlarımızın bu anlamda gelinlik giymelerinde herhangi bir sakıncadan söz edemeyiz. Neticede kız dünyasının hayallerini süsleyen bir sembolden söz ediyoruz.

Sorgulamamız gereken bir başka ayrıntıyı sizinle paylaşmalıyım. O ayrıntı da şudur: Bu, kızlar dünyasının bir özlemi midir yoksa abluka altına alan çevre baskısı ve taklit kültürünün tazyiki ile oluşan şekilci, sunî bir simge midir?

Ne demek istediğimi sorabilirsiniz. Şunu demek istiyorum: Neden muhakkak gelinlik olacak? Mesela o gün gelinliğin üç katı daha değerli ve cazip bir kıyafet olsa bunu neden kabul etmiyor kızlar veya aileler de gelinlikte diretiyorlar? Bu sorunun cevabı sadece 'herkes onu giydi' cevabıdır. Bu da ne demektir: Herkese uyma düzeyinde kalmak! Bunu toplum psikolojisi diye de yorumlayabiliriz. Peki bizim kızlarımız, bu ümmetin kızları, Allah'ın Âsiye olmalarını istediği kızlar neden 'herkes' olsunlar?

Gelinliği bir kıyafet olarak belirlemeden önce bu sorunun cevabını bulmalı değil miyiz? Neden herkes gibi olma ihtiyacına karşı eziliyor kızlarımız, neden? Neden herkesin kendi zevkini itibara almıyoruz? Biz bir ümmet değil miyiz? Neden kızlarımız, o en önemli günlerinde dik durmayı denemiyorlar?

Bu sorunun cevabı üzerinden yol alalım istersen kızım.

Artık ne anladın veya ne tarafa yorumlayacaksın bu soruyu bilemiyorum ama isterim ki bu mübarek ümmetin kızları dünyanın teki, sabır âbidesi, çile kadını, mürebbiye, muvahhide kadın Âsiye'yi örnek alsınlar. Öyle istiyor, bu ümmetin mübarek kızlarına bunu uygun görüyoruz.

Sakın kızım, bu tavsiyeme 'ama' ile başlayan bir cevap vermeyesin. 'Ama' ve 'benimki' ile başlayan cevaplar çorap söküğünü başlatan ifadelerdir.

Birinci ve en önemli olarak bunu düşünmeyi tavsiye ediyorum: Neden kızlarımız kendilerini herkes gibi olmaya mecbur hissetsinler, neden? Bir aile bu, 'herkes gibi olma' sıradanlığına bu kadar derin bağlılıkla başlar da sonra o aile meleklerin kanatlarında yol alabilir mi? Mümkün mü? Hepimiz görüyoruz, neredeyse gelinlik için borsa bile kurulacak. Gelinlikler servet yansıtıyor adeta. Ya gelinlikle başlamış aile hayatı? Aile hayatımız nerede? Bize gelinlik getirenler neden aile huzuru getiremiyorlar? Madem hayatta bir defalık olan gelinlik verdiler bize, neden hayatın tamamı için gerekli huzurumuzu koparıp aldılar bizden? Nerede kızlarımızın huzurlu yuva hayalleri? Bunları da bizim sorma hakkımız doğdu şimdi.

Kızım,

Birinci olarak zikrettiğim bu mesele, gelinliği haram düzeyine taşıyan bir gerekçe değildir. Buna rağmen, iradesi nefsine direnemeyen bir kız gelinlik giyebilir ve giyince de haram işlemiş olmaz. Bunu tespit edeyim size.

İkinci meselemiz ise haramlık açısından daha bağlayıcıdır. Gelinlik tesettür sağlamada yeterli değilse, giyilmesine helal diyemeyiz. Tesettür ise bedeni giydirmek değil, bedeni gizlemektir. Gelinlik, gelin hanımın bedenini gizliyorsa mesele yok, giyilebilir. Beden ayrıntılarını belirten bir gelinlik asla helal değildir. Baştan ayağa kadar gelin hanımın bedenini ve beden ayrıntılarını örtmeyen kıyafet, erkeklerin bulunabileceği bir ortam için helal kıyafet olamaz.

Bir üçüncü boyut daha var, o da meselenin bu ümmetten olmayanlara benzeme boyutudur. Onu yazmak istemiyorum. 'Benzemek' sözcüğünü hafızamda koyacak yer bulamıyorum. Hafızam, bu yaşadığımız hayatı algılayamıyor. Diyeceğimi bilemiyorum. Diyebildiğim bir şey var: Bu ümmetin kızları nerede, bu ümmetin!

Bunu diyebiliyorum kızım, bunu haykırabiliyorum. Umarım anlamışındır. Seni Allah'a emanet ederim.

Kızlar Hutbesi

Ey Âdem'in kızları,

Havva'nın çocukları,

Ümmetimizin mücahideleri,

Kur'an'ımızın mübarekleri,

Hayatın kıvamı, insan varlığının zahirî sebebi, çilenin ve sabrın sembolü kadınların asılları,

Cahiliyenin diri diri gömdüğü kızlar iken Muhammed aleyhisselamın ellerinden tutup hayata çıkardığı ve avuçlarına cennetin anahtarlarını verdiği kızlar,

Allah'ın kulları,

Mü'mine, muvahhide kızlar.

Cennet hurilerinin namaz kılarak onların karşısına çıkacak güçlü rakipleri,

Varlıkları ile erkeklerin bile dinlerinin yarısına teminat olan kızlar,

Size Allah'tan selam olsun. En derin anlamı ile size selam olsun.

Ey Müslimeler,

Mü'mineler,

İbadete adanmış ömürlerin sahipleri,

Sabır âbideleri,

Gönüllerinde Allah'a tazim besleyenler,

Sadaka vermekten hoşlananlar,

Oruçlular,

İffet bekçileri,

Zakireler.

Genç yaşında yaşlılardan daha ağır yüklere hamal olmuş vefalılar,

İnsanın insana tapındığı bir zamanda âlemlerin Rabbine kulluktan ötesini yok sayanlar,

Size, özellikle size,

Allah'ın size hazırladığı cennetler ve cennetlerdeki güzellikler size kutlu olsun.

Ey Havva'nın kızları,

Mü'mine kızlar,

Bu ümmetin Âsiye adayları, yaşadıkları günlerinin Meryemleri,

Bu büyük merhume ümmetin umudu, babalarının cenneti, din tamamlayan kızlar.

Önce bin bir çile ile doğuran,

Doğurduğunu mü'min ve mücahit olarak yetiştiren,

Onu da cihat meydanlarına gönderip şehit çocuğuna, eşine ağıt bile yakmadan sabredip karşılığını Rabbinden bekleyen,

Seccadesi başında huşu ile namaz kılan,

İffetimizin bekçileri, nesillerimizin teminatı mübarek kadınlar/kızlar...

Allah'ın selamı size olsun. Selamla anılın.

Siz, varın selam olun bu ümmete.

Yürüyün Allah'ın size açtığı yollarda.

Varıncaya kadar cennete, buluşuncaya kadar Kevser'in etrafında, durmayın. Durmayın da yürüsün bütün nesiller sizin ardınızdan.

Ey Âdem'in kızları,

Havva'nın çocukları,

Ümmetimizin mücahideleri,

Kur'an'ımızın mübarekleri,

Siz, hep ilk oldunuz; ilk vahyin indiği gün sizden biri 'korkma!' diyerek Peygamber aleyhisselama destek olmuştu.

Ey Âdem'in kızları,

Havva'nın çocukları,

Ümmetimizin mücahideleri,

Kur'an'ımızın mübarekleri,

Bağrına basmaya henüz doyamadığı yavrusunu Kur'an medresesine adayıp, onunla beraber seher vakti derse kalkan, beraber medreseye giden, akşam dersleri talebe gibi tekrar ederek yavrusunu âlim yapmak için çırpınan mübarek kadınlar,

Başörtüsünü baş kabul eden ve onu vermeyen afife kadınlar,

İmanlarını ve takvalarını düğünlerinin ötelerine kadar taşıyan emsalsiz mücahideler,

Siz,

Uhud gazilerinin yaralarını sarmıştınız ya o gün,

Yine yara bere içinde bir ümmet olduk,

Siz yine ele alın bu gazileri, sarın yaralarımızı, tutun bizi kaymayalım, yer çekmesin bizi, şimşekler gözümüzü oymasın, cinler basmasın bizi. Umut sizsiniz, ana sizsiniz. İffet sizsiniz. Gelecek sizsiniz. Âlim olacaksa biri ana sizsiniz. Âbid olacaksa yine ana sizsiniz. Şehidi siz doğuracaksınız. Çiçekleri siz sulayacaksınız.

Ey Âdem'in kızları,

Havva'nın çocukları,

Ümmetimizin mücahideleri,

Kur'an'ımızın mübarekleri!

Siz oturun, erkekler çalışsın. Onlar yorulsun sizin için. Siz sükûnet olun onlara. Çalışırsanız ezilmeyin, büzülmeyin. Helal size yeter. Mubahlar sizi aşar bile.

Eviniz sarayınız olsun. O saraydan yükselin yükseklere.

Ey takvalı hanım kız,

İhlas seni ayakta tutsun. Takva özün olsun. Gösterişe ve birilerinin ne diyeceğine dalma sakın.

Dinini görevlilerine bırakma, sen dinin bekçisi ol.

Muhasebe yapmayı unutma. Kul haklarını iyi tart. Rabbine karşı hatalarını tevbe ile sil. Şeytanı akılsız zannetme, binlerce senedir insan kemiriyor o. Sen de onun tecrübesi kadar tedbirli ol.

Sihir, büyü, fal şeytanın pisliği olarak eline değmesin sakın.

Evlilik için acele etme, geç de kalma. Vakti var onun ve o vakit kaderde yazılmıştır. Sen teslim ol, rahat et.

İmanını koru,

Haramlardan uzak dur,

Farzları ihmal etme,

Nafilelerden yapabildiğin kadar yap,

Zikir dilinin rutubeti olsun,

Duayı ihmal etme,

Tefekkür ortamlarını kaçırma,

İlim meclislerine katılmayı nimet bil,

Mü'min kardeşlerinle mü'mince beraber anlar oluşturmayı ibadet gibi bil,

Zaman zaman da olsa teheccüd kılmaya çalış,

Teheccüd fırsatı yakalayınca sal dünyayı, tutun göklere.

İşte sen, bu ümmetin kızı, busun sen.

Umutsun, geleceksin, hayır ve bereketsin sen.

Bu olduğun için İblis seni bırakmayacak.

Bu olduğun için de ona kanmayacaksın.

Allah seninle olsun.

Seni korusun. Rahmeti ile sana lütfetsin.

Ey Âdem'in kızları,

Havva'nın çocukları,

Ümmetimizin mücahideleri,

Kur'an'ımızın mübarekleri,

Size selam olsun.

Siz selam olun.

Ve size selam olsun.

İçindekiler

İthaf 6
Allah'ım! Sana Nasıl Hamd Etmeyiz! 7
Bu Ümmetin Kızı İçin İlk ve Son Söz 9
Bu Ümmet Kim? 13
Hangi Zamandayız? 22
Bütün ve Eksik 32
Büyük Şemsiye Küçük Şemsiye 38
Kız ve Hizmet 47
Bu Ümmetin Kızı, Bak Sen Konuşuluyorsun 55
Bir Üçe Eşit Olur mu? 63
Bu Kızlar Dinin Yarısı 71
Âlim Kız 84
Büyüklük Zamanı 98
Kızlarımız Güzeldir Güzel Kalmalıdır 105
Mü'mine Kıza Soru: Okuyor musun? 118
Hedef 126
Sabah Programı 134
Sorumluluğumuz ve Katkımız 140

Sakal ve Peçe...147
Hesap Gerek...156
Düşündün mü Hiç?..162

Ümmetin Kızına Kimlik Bilgileri

1 Tevhid Ehlisin...183
2 Namaz Hayatındır..185
3 Oruç Tut Genç İken Haccet..187
4 Özel Konu Senin Özelin 189
5 Bakımlı Ol Tabiî Ol 192
6 İki Nimeti Tart...196
7 Ört Kendini...199
8 Emin Ol Mütevazı Ol..206
9 Duasız Kalma Kanaatkâr Ol.......................................208

Kızlar Hutbesi 227